O *ROAD SHOW* NÃO PODE PARAR
Desmutualização e IPO da Bovespa

RICARDO GALUPPO

O *ROAD SHOW* NÃO PODE PARAR
Desmutualização e IPO da Bovespa

cultura

2009© RICARDO GALUPPO
2009© EDITORA DE CULTURA
ISBN: 978-85-293-0133-4

Direitos desta edição reservados à
EDITORA DE CULTURA
Rua Pimenta Bueno, 324
03066-000 – São Paulo – SP
Fone: (11) 2894-5100
Fax: (11) 2894-5099

sac@editoradecultura.com.br
www.editoradecultura.com.br

Partes deste livro poderão ser reproduzidas, desde que obtida prévia autorização por escrito da Editora e nos limites previstos pelas leis de proteção aos direitos de autor e outras aplicáveis. Além de gerar sanções civis, a violação dos direitos intelectuais e patrimoniais do autor caracteriza crime.

Primeira edição:Novembro de 2009
Impressão: 5^a 4^a 3^a 2^a 1^a
Ano: 13 12 11 10 09

Dados Internacionais de Catalogação na Publicação (CIP)
(Elaboração: Aglaé de Lima Fierli, CRB-9/412)

G116r   Galuppo, Ricardo, 1958-
          O *road show* não pode parar: Desmutualização e IPO da Bovespa / Ricardo Galuppo. São Paulo: Editora de Cultura, 2009.
          128p. : 16x23 cm.

          ISBN: 978-85-293-0133-4

          1. Bovespa. 2. Desmutualização. 3. IPO – Oferta Inicial de Ações. 4. Mercado de Capitais. 5. Bolsa de Valores de São Paulo - História. I. Título.

CDD 332.645

Índice para Catálogo sistemático

Bovespa : BM&F : Mercado Financeiro	332.645
Oferta Inicial de Ações : BM&F : História	332.64
Bolsa de Mercadorias & Futuros : Mercado de Capitais	332.644
Bolsa de Valores de São Paulo : Desmutualização: História	332.645
Mercado Financeiro : Bolsa de Valores : BM&FBovespa	332.645

SUMÁRIO

Apresentação		8
Nota do autor		10
1	O "Livro"	15
2	A recuperação da autoestima	33
3	Prazo curto, eficiência máxima	55
4	Risco de nocaute	71
5	O tamanho da mala	87
6	É um Rolex?	94
7	Demanda 12 vezes maior	110
8	A estreia do BOVH3	113
Créditos		117
Sobre o Autor		125

Apresentação

A IDEIA DE FAZER um livro sobre a IPO – Oferta Pública Inicial de ações – da Bovespa foi fruto da constatação de que era imperativo compartilhar com outras pessoas, no mercado de capitais e fora dele, a extraordinária jornada vivida por um time de dirigentes da bolsa – e, no limite, por todos seus funcionários – entre meados de 2006 e o dia 26 de outubro de 2007. A primeira data marca o início do processo que levaria à transformação da Bovespa, então uma entidade sem fins de lucro, em empresa regida pela lei das S.A. e com finalidade lucrativa. A segunda remete ao dia em que, agora batizada de Bovespa Holding, ela fez sua primeira oferta de ações aos investidores e se tornou uma companhia de capital aberto.

Foi uma mudança e tanto. De instituição com história centenária, fundada por um grupo de corretores que trajavam ternos escuros e chapéus coco, a Bovespa se transformara em empresa de capital aberto, de forte estrutura tecnológica e com suas ações negociadas no pregão da própria bolsa. O poder simbólico desta mudança, no contexto da globalização e da expansão econômica do país, bem como o tamanho e o sucesso da operação (na época, a maior oferta de ações na história da bolsa brasileira) tiveram forte impacto sobre o mercado de capitais – impacto reforçado em seguida pelo IPO da outra grande bolsa brasileira, a Bolsa de Mercadorias & Futuros (BM&F).

Em conjunto, as mudanças experimentadas pelas duas bolsas refletiam o estágio maduro e moderno a que chegara o mercado de capitais brasileiro. Se antes as bolsas tinham sido relegadas ao papel de coadjuvantes do desenvolvimento econômico, agora chegara o momento em que assumiriam sua plena função – indispensável em economias desenvolvidas – de indutoras do crescimento das empresas via captação de recursos e oferta de instrumentos derivativos de proteção ao risco. Isso ficaria ainda mais patente com a integração das antigas Bovespa e BM&F em 2008, resultando numa das maiores bolsas do mundo em valor de mercado – a BM&FBOVESPA. Mantendo a tradição de suas antecessoras, a nova bolsa ofereceria às empresas, aos investidores e a demais agentes de mercado um ambiente de negociação seguro e transparente, ancorado numa estrutura regulatória que provaria sua eficácia durante os meses mais turbulentos da crise financeira mundial em 2008.

A crise, aliás, emitiu seus primeiros sinais durante o processo que levaria à IPO e obviamente semeou dúvidas sobre o *timing* do processo. Mas a decisão de manter os prazos originais se revelaria acertada. Era de fato uma oportunidade única na história da Bovespa, que não podia ser perdida. Daí também o entendimento de que a história da IPO tinha que ser registrada em livro. E quanto mais cedo melhor: era preciso aproveitar enquanto os fatos e lances dessa experiência ainda estavam frescos na memória de seus participantes diretos. E, uma vez tomada a decisão, convidou-se para a tarefa o jornalista econômico Ricardo Galuppo, um mineiro estabelecido em São Paulo há mais de 20 anos. Experiente e dono de um texto direto e claro, Galuppo gravou quase 20 horas de entrevistas com os principais envolvidos na IPO da Bovespa e leu centenas de páginas de documentos, para então começar a trabalhar as versões que resultariam neste livro.

Minha palavra final – e peço licença para usar a primeira pessoa – é de agradecimento. Não vou, contudo, nomear pessoas nem instituições, para evitar o risco de cometer alguma injustiça. Tive o privilégio de vivenciar uma transição rara – o intrincado e rico processo em que uma instituição centenária deu lugar a uma nova bolsa, agora uma empresa de capital aberto. O que ambas tiveram em comum além do nome – Bovespa – foi sua cultura de credibilidade, seriedade e sucesso. Uma cultura construída dia a dia por todos os corretores, conselheiros, diretores e funcionários que passaram pela Bovespa em sua longa trajetória.

É a eles que dirijo minha admiração – e em nome deles que agradeço a todas as pessoas que participaram do processo ou contribuíram para o êxito desta IPO.

GILBERTO MIFANO

Nota do autor

A IMPORTÂNCIA DO FATO narrado nas próximas páginas ultrapassa – e muito – os limites da empresa sobre a qual se falará. O texto trata do processo que culminou com a abertura de capital da Bovespa Holding e a consolidou como um dos principais centros de negócios com ações em todo o mundo. A história, no entanto, mostra como a determinação de alguns executivos (que, no início, pareciam ser os únicos dispostos a acreditar que suas ações resultariam em algo grandioso) foi capaz de expor as virtudes de um mercado onde a maioria das pessoas só via problemas.

Isso mesmo. Quando esta história começa para valer, ali por meados dos anos 1990, a Bovespa nem mesmo era uma empresa no sentido técnico do termo. Desde sua criação, havia mais de 100 anos, era uma sociedade mútua sem fins lucrativos que operava em ambiente extremamente desfavorável. Sim. Poucos anos antes de fazer sua IPO (a sigla em inglês para a oferta pública inicial das ações de uma companhia), a Bovespa estava cercada por toda a sorte de desconfiança. Para começar, o mercado mobiliário brasileiro, pequeno e errático, refletia a desconfiança com que o mundo inteiro olhava para o Brasil. Para piorar, não havia mecanismos legais que dessem aos acionistas garantias mínimas sobre seu investimento.

Evidentemente, não se fala aqui de garantias contra as baixas repentinas que de vez em quando comem parte do valor dos papéis – essas oscilações são da própria essência desse mercado em qualquer lugar do mundo. O que não existia no Brasil daquela época eram mecanismos que dessem ao candidato a acionista a segurança de saber em que tipo de empresa estava colocando seu dinheiro. Além disso, o cenário de inflação vigente no país comia uma parte tão expressiva dos resultados distribuídos, isto é, dividendos, que os investidores comuns preferiam manter-se a uma distância prudente da Bovespa. Naquele ambiente, o mercado de ações era olhado com receio pela maioria dos investidores brasileiros. E com indiferença pelos estrangeiros em condições de investir nos papéis das companhias locais.

Não se podia pensar em IPO sem mudar esse cenário. Ao final de anos de reestruturações, da introdução de novos hábitos, da adoção de cuidados com a governança corporativa e de outros procedimentos que antes não faziam parte dos negócios mobiliários no Brasil, a Bovespa finalmente pôde seguir o caminho que, àquela altura, já havia sido percorrido pelas principais bolsas do mundo. Assim, deixou de ser um clube, tornou-se uma empresa e fez sua própria IPO. Tudo isso significou um passo fundamental para seu futuro e para o futuro do próprio mercado mobiliário brasileiro.

É essa a história que se contará aqui. Além de revelar a formidável carga de trabalho que existe por trás dos números grandiosos que envolveram a operação da Bovespa, o texto que você lerá a seguir serve também como uma espécie de roteiro para uma operação de IPO. De forma didática e sem procurar descer aos detalhes técnicos mais distantes do leitor comum, este livro pode orientá-lo em relação aos primeiros passos.

O trabalho que deu origem a este texto teve início em fevereiro de 2008 quando fui convidado a produzir, em poucos meses, um livro sobre a IPO. Apesar do prazo exíguo, me lancei ao trabalho de pesquisar, entrevistar pessoas e, finalmente, escrever um texto sobre a operação que mudou a face do mercado brasileiro de ações. A primeira providência foi conversar com algumas das pessoas que tiveram importância fundamental nesse processo.

O primeiro a ser ouvido, numa conversa de quase três horas na sala de reuniões da Superintendência-Geral, no 10º andar do edifício da Rua XV de Novembro, foi o principal arquiteto da operação, Gilberto Mifano. Depois, foi a vez de José Olympio Pereira, do Crédit Suisse, um dos bancos que atuaram como *bookrunners* da operação. Vieram a seguir a administradora Cristiana Pereira, ex-diretora-adjunta de Assuntos Internacionais da Bovespa e o advogado Paulo Aragão, o homem que deu formato jurídico não apenas à transformação da Bovespa em empresa, mas à própria abertura de capital.

Também foram ouvidos Francisco Gomes, então diretor-financeiro da Bovespa, Hélcio Fajardo Henriques, diretor-executivo, Charles Mann de Toledo, gerente do Projeto IPO, e José Roberto Mubarack, diretor de Relações Institucionais. Além desses, foram entrevistados Rodrigo Mello e Daniel Weinstein, do Goldman Sachs – assessor na desmutualização e o outro *bookrunner* – e Raymundo Magliano Filho, na época, o presidente do Conselho de Administração da Bovespa. A conversa com Magliano, além de muito agradável, serviu para esclarecer aspectos importantes sobre o ponto de vista dos antigos donos da Bovespa. Finalmente, uma nova – e tão extensa quanto a primeira – conversa com Mifano, desta vez na companhia de Izalco Sardenberg, então diretor de Imprensa da Bovespa, permitiu eliminar as últimas dúvidas.

O resultado final é este, que você tem agora em mãos. Ele pode ser visto como a história de um negócio que se torna apaixonante pela quantidade de adrenalina e trabalho humano que contém. Ou, ainda, como a história de uma operação bem-feita, que se transforma em um grande e vantajoso negócio para todos os envolvidos. É tudo uma questão de ponto de vista. Boa leitura.

RICARDO GALUPPO

Desmutualização e IPO da Bovespa

1 | O "Livro"

A PALAVRA "LIVRO", no jargão das Ofertas Públicas Iniciais de ações (ou IPO), é a lista de interessados em tornar-se sócios de uma companhia que abre seu capital e, pela primeira vez, coloca seus papéis à venda no mercado. Por uma série de exigências legais e pela transparência exigida ao longo desse processo, toda IPO é obrigada a seguir um roteiro, conhecido pela complexidade e pela quantidade de cuidados que implica. As circunstâncias que envolvem esse negócio são tão peculiares que algumas das exigências mais rigorosas chegam a parecer contraditórias.

Observe este detalhe: de um lado, é cobrada da empresa a abertura de toda sua vida aos interessados na compra das ações. O mercado deve ser informado, nos mínimos detalhes, sobre tudo o que a companhia fez no passado e tudo o que pretende fazer no futuro. Nada pode ser omitido. Na outra ponta, ela é submetida a um período de silêncio em que seus diretores são proibidos até mesmo de conceder entrevistas à imprensa sobre qualquer questão relacionada à companhia. É o chamado *quiet period* – em que os diretores devem ser muito cuidadosos com o que falam e são responsáveis por tudo o que for dito a respeito da empresa. Eis aí a contradição: de um lado, precisam falar tudo. Do outro, devem fechar a boca e torcer para que ninguém fale sobre a empresa. Nada pode ser revelado. Tudo o que for dito nesse momento poderá se voltar contra a companhia e servir de pretexto para que o processo retorne à estaca zero.

O rigor de regras como essas – que para muitos pode parecer exagerado – não é obra do acaso. Ele é o resultado de décadas de experiência e serve para garantir que nenhum investidor inconformado venha a se queixar, mais tarde, por ter acreditado nesta ou naquela informação, ou por não ter tido acesso a algum dado que fosse do conhecimento de outros investidores. Igualdade de condições é fundamental em disputas que envolvem muitos milhões de dólares. No mercado de ações, não basta parecer transparente. Tem que ser transparente do começo ao fim.

Num cenário como esse, qualquer passo em falso pode significar a diferença entre o sucesso e o fracasso de uma IPO. E é na reta final que a lista com os nomes dos interessados – ou seja, o conteúdo do "Livro" – ganha grande importância. Ela existe para consolidar em um único documento todas as propostas de compra recolhidas ao longo da oferta e, assim, assegurar no instante do fechamento da operação que os papéis sejam vendidos pelo melhor preço possível aos investidores certos. Embora não tenha sido criado com esse objetivo, o "Livro" também dá a medida do êxito ou do malogro de uma IPO. Caso receba muitos nomes, revela que a operação foi bem-sucedida. Vazio, mostra que o mercado não se entusiasmou diante dos papéis ofertados pela empresa. Ou que o processo não foi conduzido da maneira mais adequada.

Embora exista há muitos anos, o "Livro" já não é o mesmo de décadas atrás. Como todos os sistemas e procedimentos que existem no mercado de ações, também este passou por evoluções importantes. No passado, os nomes e as propostas de cada interessado eram anotados à mão, com caneta tinteiro e caligrafia esmerada, naquelas encadernações de de páginas ásperas que amarelavam com o decorrer do tempo. Essa época ficou para trás. A forma de registro dos potenciais compradores incorporou as tecnologias mais avançadas que apareceram no mundo ao longo dos últimos anos. Hoje, não haveria sentido em escrever as ofertas de compra num livrão de capa dura. Além do mais – e esse é um dado muito importante na história que será contada nas próximas páginas –, o mundo ficou menor. A possibilidade de reunir em uma mesma IPO compradores espalhados por diferentes países exigiu que a lista de interessados passasse a ser feita com mais cuidado e agilidade. Aquele livro de aspecto imponente do passado acabou reduzido a uma planilha de computador. O que perdeu em pompa ganhou, no entanto, em importância.

Uma IPO bem-sucedida, na visão do mercado, é aquela em que a empresa que oferece as ações consegue convencer os investidores a incluir no "Livro" muitas propostas suficientes para vender – ou "colocar", conforme se diz – todos os papéis oferecidos. Quando isso acontece, há motivos suficientes para comemorar. Afinal de contas, o mercado aceitou os papéis pelo preço que a empresa entendeu que valessem. E isso é ótimo.

As razões para comemorar, no entanto, se multiplicam em algumas operações especiais. Sobretudo naquelas em que a lógica da venda sofre uma espécie de inversão. E que, em lugar de convencer os investidores a incluir suas ofertas no "Livro", a empresa passa a ser assediada por gente que faz questão de adquirir parte de seu capital e, por isso, exige estar no "Livro" e com prioridade. Quando o apetite dos investidores pelas ações de uma determinada companhia é grande, o preço pode até sofrer aumentos durante o processo de oferta. Isso não é muito comum. Mas acontece nos casos em que as ações oferecidas significam uma ótima oportunidade de negócio. Nessas circunstâncias, ter o nome no "Livro" passa a ser objeto de disputa entre investidores de todas as partes do mundo.

Para ir ao ponto que interessa, foi exatamente isso o que aconteceu no episódio que será narrado logo adiante: a IPO da Bovespa Holding. Contrariando expectativas e jogando por terra algumas lendas que se haviam transformado em verdade, ele foi um dos mais disputados – e emocionantes – que já houve no Brasil.

Foi, também, um dos mais bem-sucedidos. No momento em que os antigos sócios da Bolsa de Valores de São Paulo (Bovespa) entenderam ser a hora de vender no mercado uma parte do capital da companhia, eles estavam convencidos de que fariam uma IPO vitoriosa. E que encontrariam compradores para todos os papéis em oferta: 40% do capital da empresa. O que poucos imaginavam era que o sucesso fosse tão eloquente. No dia do fechamento da operação, 26 de outubro de 2007, havia muito mais investidores interessados em adquirir os papéis do que se esperava no início do processo – e a principal consequência disso foi que o preço final da venda acabou sendo muito superior ao previsto.

Na largada, o preço de cada ação estava fixado entre R$ 15,50 e R$ 18,50, conforme o prospecto de divulgação do negócio que fora entregue a um grupo seleto de mais de 500 investidores em todo o planeta. Dias antes do fechamento do "Livro", diante do interesse que a operação despertou ao redor do mundo inteiro, a faixa de preço teve que ser reajustada. E, mesmo elevada para a faixa entre R$ 20,00 e R$ 23,00, o apetite dos investidores não diminuiu. No final, todas as ações oferecidas acabaram vendidas pelo preço máximo de R$ 23,00 – o que significava, pela cotação da época, US$ 12,78 dólares por ação. E a Bovespa viu 40% de seu capital mudarem de mãos por um preço que surpreendeu até o mais otimista dos analistas: US$ 3,7 bilhões. A surpresa foi além: nos dias que se seguiram ao início da negociações das ações no pregão, o preço no mercado cresceu ainda mais, batendo em imprevisíveis R$ 37,00 – fruto da vontade de comprar ações daqueles que ou não entraram no "Livro" ou que, tendo entrado, ficaram com uma cota de ações inferior à que desejavam.

Muita gente se assustou diante desse número. Entre os que se espantaram inclui-se até mesmo o executivo que foi o principal responsável pela IPO – e que, desde o início, acreditava que as ações seriam bem-recebidas pelos investidores. Trata-se do então superintendente-geral da Bovespa, Gilberto Mifano.

– Se alguém, antes da conclusão da IPO, dissesse que esperava um resultado como o que obtivemos, seria chamado de louco. Nem mesmo nós, que vivemos o dia a dia daquela operação desde o início, imaginávamos que chegaríamos a tanto.

Surpresas tão positivas assim não são comuns, mesmo em um ambiente cheio de altos e baixos como é o mercado de ações. Mas, no caso específico da oferta de ações da Bovespa, isso não chega a espantar. Não apenas pelo significado, mas também pelos objetivos que a motivaram, a IPO da Bovespa foi diferente de todas as outras realizadas no Brasil até aquele momento. Explica-se: quase todas as empresas que se lançam em uma IPO têm seu controle concentrado nas mãos de poucos acionistas. Quando decidem abrir o capital, esses sócios acertam entre si a quantidade de ações que oferecerão ao mercado em troca dos recursos financeiros que serão utilizados, na maioria dos casos, para financiar o próprio crescimento da organização. Com o negócio, o controle torna-se mais diluído. A empresa ganha um reforço de caixa, o acionista é recompensado pelo investimento anterior e a vida segue seu curso. No caso da Bovespa, a história foi diferente. Muito diferente.

Em nenhum momento do processo, por exemplo, cogitou-se manter parte dos recursos obtidos com a venda das ações na própria empresa para futuros investimentos ou reforço de caixa. O dinheiro foi diretamente para as mãos dos acionistas. Com situação de caixa confortável e estrutura societária peculiar, a Bovespa, num intervalo de menos de dois meses, deixou de ser um clube fechado para se transformar numa corporação com milhares de acionistas – e em que o maior deles não detinha mais do que 4% do capital da companhia. Além disso, os acionista vendedores receberam em troca de seus papéis um valor muito mais substancial do que se esperava no início da IPO.

O cálculo de quanto "mais substancial" foi esse valor é muito simples. Ao decidir fazer sua IPO, a Bovespa contratou para assessorá-la dois bancos com experiência reconhecida em negócios desse tipo – o Goldman Sachs e o Crédit Suisse. Credenciais para o trabalho, os dois tinham de sobra. O Goldman Sachs é o líder mundial no assessoramento dos processos que conduziram à abertura de capital das principais bolsas do mundo. O Crédit Suisse, por sua vez, foi um dos bancos que mais tinham feito IPOs no Brasil em 2005, 2006 e 2007 – anos em que dezenas de empresas familiares abriram seus respectivos capitais.

Depois de analisar com cuidado todo o histórico da companhia e do mercado em que ela atua e de comparar os números da Bovespa com o de outras bolsas no exterior, os assessores propuseram o preço mínimo inicial de R$ 14,50, que foi aceito pelos antigos proprietários e, depois, às vésperas do chamado *road show* – que é o ciclo de visitas feitos a investidores em diversos países, com o objetivo de convencê-los a incluir seus nomes no "Livro" –, mudou para a faixa entre R$ 15,50 e R$ 18,50 por ação. Isso significa que, na prática, a IPO já poderia ser considerada bem-sucedida caso todas as ações tivessem sido negociadas pelo preço de R$ 15,50. Ou seja, os acionistas ficariam bem satisfeitos se recebessem R$ 15.500,00 em troca de cada 1.000 ações que negociassem. Pelo preço final, essas mesmas 1.000 ações renderam R$ 23 mil– ou adicionais R$ 7.500,00 reais. Quase 50% mais.

Os números impressionam. Mas uma história como essa não se conta apenas com números. Os US$ 3,7 bilhões alcançados pela IPO da Bovespa significaram o maior valor já obtido em uma oferta inicial de ações de uma bolsa em todas as operações do gênero realizadas no mundo. Aí estão incluídas as de congêneres que atuam em mercados mais maduros, como Nova York, Londres e Frankfurt – que abriram capital antes da bolsa brasileira. Mais um detalhe: até a data de sua conclusão, aquela foi a maior IPO da história do mercado brasileiro – e levou a nocaute um mito que resistia havia muitos anos.

Circulava no mercado a suspeita de que o prédio de linhas clássicas, na Rua XV de Novembro, onde a Bovespa estava instalada desde o início dos anos 1990, não servia como cenário para lançamentos de grandes proporções. Empresas brasileiras de grande porte que desejassem abrir seu capital deveriam tomar o rumo de Wall Street, em Nova York. Para o Brasil, restariam apenas as ofertas de valores mais modestos, inferiores a US$ 500 milhões de dólares. Essa visão estava tão entranhada no mercado que, na fase preparatória da IPO da Bovespa, chegou a ser defendida até mesmo por um dos bancos sondados para atuar como consultores.

Conforme recorda o advogado Paulo Cezar Aragão, do escritório Barbosa, Müssnich & Aragão, que foi o responsável pela arquitetura jurídica de toda a operação, o representante de um grande banco europeu chegou a insistir na necessidade de a Bovespa colocar suas ações à venda no pregão da Bolsa de Valores de Nova York. Advogado experiente, condutor de alguns dos processos de fusão e aquisição mais intrincados que já houve no Brasil, Aragão nunca conseguiu entender a lógica dessa sugestão:

– Como uma bolsa de valores vai confiar a outra bolsa a venda de suas ações? Uma proposta como essa não fazia o menor sentido. O problema é que as pessoas que defendiam essa ideia não conseguiam ver o que ela tinha de errado!

O absurdo dessa proposta é evidente – aceitá-la seria o mesmo que se declarar inepto para atuar no mercado de ações. Seria como se o Bradesco, por exemplo, sinalizasse a seus clientes em documento oficial que o melhor lugar para eles investirem seu dinheiro seria um banco estrangeiro qualquer. O banco que apresentou essa ideia, naturalmente, não participou da operação. A bem da verdade, quando a Bovespa ainda trabalhava nos preparativos de sua própria abertura de capital, o mito de que o mercado brasileiro era lugar para IPOs pequenas havia recebido os primeiros golpes – e a barreira do bilhão de dólares já tinha sido ultrapassada.

O lançamento de ações da Cosan, maior produtora de etanol do país, por exemplo, alcançou US$ 1,2 bilhão. O do Banrisul, US$ 1,3 bilhão. Em seguida, foi a vez da operadora de cartões de crédito Redecard – primeira a quebrar a marca dos US$ 2 bilhões. Sua IPO fechou em US$ 2,4 bilhões. A essa altura, o tal mito já havia levado umas sacudidelas vigorosas e cambaleava. Mas o golpe final foi desferido mesmo pela IPO da Bovespa. Até aquele momento, ainda havia quem considerasse as ofertas da Cosan, do Banrisul e da Redecard casos isolados, permitindo-se continuar duvidando de que uma emissão mais expressiva pudesse ser realizada no mercado brasileiro. Mas foi. A operação em que a Bovespa ofereceu ao mercado seus próprios papéis foi a quinta maior IPO em todo o mundo no ano de 2007.

Ao decidir vender suas ações em seu próprio pregão, a Bovespa deu uma prova de maturidade – e isso teve reflexos positivos não apenas para ela, mas para todo o mercado de valores mobiliários do país. Além disso, a venda de 40% de ações para investidores de todo o mundo consolidou a transformação da Bovespa numa corporação moderna, global, de capital pulverizado – onde não existe a figura do acionista controlador. Organizações com esse perfil, pelo que se percebe no mundo, são mais preparadas para conviver com os sobressaltos de um mercado que, pela própria natureza, alterna momentos de euforia com períodos de extrema cautela. Um mercado que sofre mais do que outros quando a economia vai mal, mas que, em compensação, costuma ser o primeiro a se recuperar quando os ventos voltam a ser favoráveis.

Pelo interesse que despertou entre os investidores e pelas circunstâncias especiais que a cercaram, a IPO da Bovespa Holding foi, como já se comprovou aqui, um dos casos mais bem-sucedidos de oferta pública de ações já realizados ao sul da linha do equador. Os números mostrados ainda há pouco atestam isso – mas não revelam um aspecto fundamental dessa história: nada aconteceu da noite para o dia. Se for considerado o tempo que transcorreu entre a primeira vez que o assunto foi debatido na casa e o dia em que, finalmente, as ações começaram a ser negociadas no pregão, pode-se dizer que o processo se estendeu por, no mínimo, 12 anos. Se for considerada apenas a etapa final, foram mais ou menos dois anos de trabalho intenso.

Um dos aspectos mais interessantes envolvidos nessa IPO foi que, até dois meses antes de oferecer suas ações ao mercado, a Bovespa nem mesmo poderia ser considerada uma empresa – e, nessa situação, nem poderia ter papéis negociados em pregão. Explica-se: desde que um grupo de corretores de café liderados por Emílio Rangel Pestana fundou, no dia 23 de agosto de 1890, a Bolsa Livre de São Paulo – o embrião do que viria a ser a Bovespa –, a instituição conservava mais ou menos a mesma estrutura societária com que entrou no ano de 2007. Ela era uma sociedade civil sem fins lucrativos – condição similar à que ostentava no tempo em que os negócios de compra e venda de ações eram anotados a giz numa lousa na parede do pregão da Rua do Rosário, seu primeiro endereço. A consequência desse tipo de arranjo societário é resumida por Mifano:

– Só as corretoras que tinham título de propriedade podiam comprar e vender ações no pregão. Todos os outros estavam fora.

É bom esclarecer: essa forma de organização legal não era exclusividade da Bovespa e muito menos do mercado brasileiro. Em todos os países do mundo, as bolsas tinham estrutura semelhante e essa foi, a bem da verdade, um modo de garantir a credibilidade dessas organizações que perdurou durante muitos anos. E não foi por culpa da estrutura da bolsa que os negócios com ações no Brasil evoluíram em ritmo mais lento do que em outros países. O problema tinha outra raiz.

Um dos empecilhos à evolução do mercado mobiliário estava, sem dúvida, na própria legislação brasileira – que deu às direções das empresas o poder de tomar decisões sem a obrigação de respeitar a vontade dos acionistas minoritários. Por esse e vários outros detalhes de mesma natureza, os investimentos em ações no Brasil pecavam por falta de clareza e segurança e isso, sem dúvida, contribuiu para disseminar a desconfiança e manter muitos investidores distantes do pregão.

Antes de abrir seu capital, portanto, a Bovespa precisou exercer sua influência e trabalhar duro para tornar o nosso mercado mobiliário um ambiente mais claro e confiável. Por esse ponto de vista, o caminho que conduziu à IPO da bolsa é, de certa forma, uma parte importante da história do amadurecimento do mercado mobiliário brasileiro.

Nas últimas décadas, os dirigentes da Bovespa foram responsáveis por algumas das iniciativas que contribuíram para modernizar o mercado nacional. Nos anos que antecederam à IPO, uma série de medidas foi tomada para melhorar o ambiente de negociação com ações. Uma das providências foi a criação da Companhia Brasileira de Liquidação e Custódia (CBLC), em 1997. Essa empresa surgiu com o objetivo de tornar mais claras as responsabilidades de cada um no mercado de ações. De um lado, ficariam as corretoras, responsáveis pela operação de compra e venda dos papéis. Do outro, as instituições financeiras encarregadas de conservar em seu poder as ações cujos direitos são negociados no pregão e de, no final do dia, liquidar os negócios – ou seja, transferir o papel do vendedor para o comprador, cobrando e repassando o valor da operação. Como contraparte central, a própria CBLC atuando, garantidora dos negócios.

A nova organização das atividades foi um passo importante para dar mais segurança ao ambiente de transações e facilitar a atração de investidores. Paralelamente, objetivando melhorar a confiança dos investidores no produto "ação", a bolsa tomou a iniciativa de lançar em dezembro de 2000 seu segmento de listagem, destinado a empresas que aceitassem, de forma voluntária, adotar regras superiores de governança corporativa. Esse segmento, hoje um ícone brasileiro no mundo todo, é o Novo Mercado.

Ao mesmo tempo que esses passos importantes eram dados, a Bovespa avançava rapidamente para tornar-se uma organização mais ágil e moderna. Uma série de investimentos em sistemas, por exemplo, permitiu que a bolsa evoluísse até o ponto de eliminar de sua rotina aquele que era seu principal símbolo: o pregão viva-voz. Desde o final de setembro de 2005, os negócios de compra e venda de ações na maior bolsa de valores da América Latina passaram a ser feitos apenas por troca de informações eletrônicas – o que também contribuiu para tornar o sistema mais confiável.

Todas essas providências apontavam para um mesmo ponto: mais cedo ou mais tarde, seria necessário mexer naquela estrutura societária que sobrevivia desde o tempo de Rangel Pestana. Essa mudança é convencionalmente chamada de desmutualização; por intermédio dela, a bolsa deixaria de ser uma entidade mutuamente suportada pelos donos e usuários únicos de seus serviços e se transformaria numa empresa cuja propriedade é desvinculada do direito ou da exclusividade ao uso de seus serviços.

O mesmo mercado que um dia exigiu que a bolsa fosse uma entidade sem fins lucrativos, agora exigia uma eficiência que ela só poderia entregar se se tornasse uma empresa aberta, com padrões de governança e de transparência do século XXI. Que exigências são essas? Analise-se a seguinte situação: antes de ser posta à venda, a Bovespa – cuja receita principal é extraída de um percentual mínimo de cada negócio realizado no pregão – tinha uma operação eficiente e um caixa de fazer inveja a qualquer grande empresa do país: mais de R$ 1,2 bilhão. Por se tratar de uma entidade sem fins lucrativos, no entanto, seus donos não podiam encostar a mão nesse dinheiro. O problema é que, se algum dia, por qualquer motivo, a situação se invertesse e a instituição viesse a necessitar de socorro financeiro, os donos seriam obrigados a colocar a mão no bolso para sustentá-la. Por outro lado, como é lógico, a bolsa estava totalmente a serviço dos corretores, seus únicos donos, e não podia, mesmo que necessário para o desenvolvimento do mercado, tomar qualquer decisão que desconsiderasse seus interesses.

Esse arranjo societário, como já foi dito, cumpriu importante papel ao longo da história centenária da Bovespa. Mas tornou-se anacrônico e incapaz de acompanhar a evolução do próprio mercado. Quando houve a possibilidade de mudá-lo, muita coisa precisou ser feita de uma vez só. Numa comparação exagerada, foi mais ou menos o mesmo que um escritório que sempre funcionou à base da caneta e do mata-borrão entrar de uma vez na era dos microcomputadores integrados em rede sem passar pela fase da máquina de datilografia e do *mainframe*. Foi justamente essa obrigação de subir três ou quatro degraus com uma só passada que tornou a IPO da Bovespa muito mais complexa do que outras operações do gênero.

Observe essas datas: em 28 de agosto de 2007, dia em que sete assembleias foram realizadas em seu auditório – isso mesmo, sete! –, a bolsa se desmutualizou e deixou de ser sociedade sem fins lucrativos para se transformar em sociedade anônima de capital fechado. Ali foi criada a Bovespa Holding, que passou a controlar a Bolsa de Valores de São Paulo e a CBLC. Ou seja, ao final daquele dia, os antigos títulos patrimoniais da bolsa e a ações da CBLC foram trocados por ações da Bovespa Holding. Os antigos sócios tornaram-se acionistas. Quase dois meses depois, em 26 de outubro de 2007, a nova empresa abriu seu capital e, numa IPO bilionária, passou a ter entre os acionistas alguns dos maiores e mais respeitados investidores do mundo.

É lógico que toda essa transformação não foi feita de afogadilho. A Bovespa Holding – nunca é demais lembrar – foi a primeira entre as bolsas latino-americanas a transformar-se em empresa e a abrir seu capital. Antes dela, no entanto, uma série de organizações de outras partes do mundo já havia tomado o mesmo rumo. Mais de uma década antes de a Bovespa trilhar esse caminho, as bolsas da Europa haviam deixado de ser clubes para se tornar empresas. Algum tempo depois, essa tendência atravessou o oceano e desembarcou nos Estados Unidos – onde as bolsas também aposentaram seu velho estatuto de clube fechado para virarem companhias de capital aberto, com ações negociadas geralmente em seus próprios pregões. O que fez da experiência da Bovespa um caso mais emocionante do que aquelas vividas pelas bolsas de Nova York, Londres ou Estocolmo foi a velocidade da transformação.

Em todos os outros casos, a mudança foi feita em ritmo menos acelerado. Primeiro, as instituições passaram pela desmutualização. Depois de algum tempo, quando a transformação já estava consolidada, é que elas tomaram a iniciativa de oferecer suas ações ao público. Em algumas situações, o intervalo entre um processo e outro foi superior a três anos. No caso da Bovespa, só para bater mais uma vez na mesma tecla, as duas alterações foram feitas praticamente juntas. Como isso foi possível?

A resposta para essa pergunta é, ao mesmo tempo, muito simples e muito complicada. Cada um desses processos – primeiro a desmutualização e, depois, a abertura de capital e a IPO –, por si só, já exigiria meses de trabalho de equipes bem-preparadas. Fazer os dois passos com apenas dois meses de intervalo entre um e outro só foi possível porque, por trás das ações que se tornaram visíveis para o público, havia um grupo de pessoas que sabia claramente em que direção estava caminhando. Bem-coordenada e bem-planejada, a ação envolveu milhares de horas de trabalho – e uma carga de sonho, dedicação, inteligência e adrenalina muito maior do que podem imaginar as pessoas que enxergaram o processo apenas pelos números bilionários envolvidos.

É justamente esse aspecto – o do sonho, da dedicação, da inteligência e da adrenalina – que será abordado a seguir. E para entendê-lo bem será preciso conhecer um pouco dos alicerces desse mercado.

A ideia de transformar a Bovespa em empresa de capital aberto, a bem da verdade, já vinha sendo discutida na casa havia mais de uma década. Ao longo de mais ou menos 12 anos, esteve na cabeça de Gilberto Mifano – o primeiro a tratar desse assunto na organização. No começo, aquilo não passava de sonho. Depois de alguns estudos, transformou-se em possibilidade. Finalmente, converteu-se em projeto viável e, mais do que isso, necessário.

Teve início, então, a etapa do planejamento para valer – e todos os cuidados foram tomados para que tudo corresse da forma mais tranquila possível.

– Antes de desenhar o modelo da Bovespa, nós analisamos os dados de todas as bolsas de valores do mundo no que diz respeito à governança, aos estatutos e à estrutura de funcionamento – recorda Rodrigo Mello, vice-presidente do Goldman Sachs. – E fizemos um estudo profundo sobre a evolução do mercado brasileiro para mostrar aos investidores internacionais todos os pontos fortes da Bovespa.

Mesmo com tudo isso, conforme observa Mifano, até o minuto final, ainda perduravam dúvidas sobre o sucesso da operação:

– A decisão de partirmos para a IPO foi resultado de anos de estudos e de amadurecimento. E, por mais bem-preparados que estivéssemos, houve momentos de preocupação e de susto. Sabíamos que, ao colocar o carro para andar, estávamos pondo à prova não apenas a nossa competência técnica, mas a própria história da Bovespa.

A preocupação fazia sentido. Visto apenas pelo lado da quantidade de investidores que atraiu (só para recordar, quase 500 no exterior e mais de 60 mil no Brasil) e pelo preço final que as ações alcançaram (US$ 3,7 bilhões), a IPO da Bovespa pode ser vista como uma daquelas operações cujo sucesso já estava garantido antes mesmo de os papéis serem postos à venda. Por esse ponto de vista, a impressão que se tem é a de que a simples intenção de colocar as ações à venda já foi suficiente para atrair para o prédio da Bovespa uma fila de interessados que mais lembrava um bando de beduínos sedentos diante de uma fonte de água depois de semanas no deserto. Será que foi tão fácil assim? Para quem viveu o dia a dia daquele processo, a realidade foi bem diferente.

Os cuidados técnicos que cercaram a operação foram perfeitos. Centenas de horas de trabalho tiveram que ser investidas apenas na preparação do prospecto – um enorme caderno que descreve a empresa em seus mínimos detalhes societários e administrativos e analisa todos os aspectos da operação, inclusive os possíveis riscos em que o investidor incorreria com a compra daquelas ações. Isso mesmo: o documento que a empresa utiliza para divulgar a venda das ações traz uma lista com todos os motivos que o investidor poderia ter para NÃO comprar os papéis:

– É como bula de remédio – comenta Mifano. – Quem analisa todos os riscos descritos acaba com receio de tomar o medicamento.

No caso da IPO da Bovespa, o prospecto – um documento redigido em linguagem às vezes indecifrável para quem não é do ramo – era um cartapácio que tinha, na versão em português, 580 páginas, com todas as informações imagináveis. Entre elas, a de que a Bovespa foi a terceira bolsa cuja movimentação mais cresceu em dólares no mundo no período de 2002 a 2007. E que, sozinha, era responsável por 71% dos negócios com ações na América Latina. A versão em inglês, um pouco mais compacta, também cumpriu os critérios mais rigorosos para documentos desse tipo em todo o mundo. E foi nesse documento que se baseou toda a oferta de ações.

Respeitar detalhes técnicos e legais como esse era fundamental para que tudo saísse bem. Mas, no momento mais decisivo, a fonte de preocupações foi mesmo o comportamento do velho mercado. Observe este detalhe: em agosto, quando foi concluída a desmutualização, ninguém poderia imaginar como estariam os ânimos no dia 9 de outubro de 2007. Essa era a data marcada para o início do *road show*. Pois bem: naquele dia, uma quinta-feira, o Índice Dow Jones, que mede o desempenho das ações na Bolsa de Nova York, alcançou a maior cotação da história: 14.164 pontos. Como se sabe, num mercado globalizado como é o de ações, os efeitos de um número como esse em pouco tempo se espalham pelo mundo. Parecia que o vento sopraria a favor dos executivos que saíram em peregrinação, oferecendo as ações da Bovespa aos possíveis investidores. Pois bem: mais ou menos no meio da viagem, enquanto os profissionais ainda cumpriam uma agenda carregada no exterior, o vento começou a mudar de direção.

No dia 19 de outubro, uma sexta-feira, o Dow Jones havia caído para 13.522. Esses 642 pontos que desapareceram em apenas 10 dias eram os primeiros efeitos da chamada crise da *subprime*, que teve sua origem no mercado de imóveis dos Estados Unidos e, meses depois, espalharia o desânimo nos mercados de ações do mundo inteiro. Por essa razão, o que aconteceu nos dias do *road show* pode ser comparado, com o devido distanciamento, àquelas cenas dos filmes de guerra – em que o general se cerca de todos os cuidados para tomar uma decisão, mas, depois que põe seu exército para marchar, o cenário se altera e o desfecho se torna imprevisível. Mas, de qualquer forma, a decisão já fora tomada e nosso general não podia mais voltar atrás.

Recorda Mifano:

– Ao sairmos do Brasil, o cenário era um. Quando voltamos, era outro muito diferente. Não tínhamos a menor ideia de como os investidores que visitamos na primeira etapa da viagem reagiriam às mudanças do mercado mundial nem sabíamos se continuariam interessados em adquirir ações, quaisquer que fossem elas.

Esse lado imprevisível do mercado foi apenas um dos pontos que tornaram aquele processo mais emocionante do que precisava ser. Quem já passou pela experiência de uma IPO sabe que, por mais bem-preparada que a empresa esteja ao entrar no processo, sempre existe uma hora em que a recepção mais fria de um investidor, um comentário mais ácido ouvido no meio de uma reunião ou o pouco interesse demonstrado pelo interlocutor deixa os executivos apreensivos. De qualquer forma, todos os que, de uma forma ou de outra, se envolveram naquela IPO, sabiam que tinham nas mãos uma empresa valiosa – mas cada um respondia à mudança de ventos daquele período de acordo com seu temperamento.

Não importa se a pessoa reagia com a frieza de um jogador de xadrez, como era o caso de um dos responsáveis pelo Projeto IPO e diretor-adjunto de Relações com Investidores, Charles Mann de Toledo, ou com a ousadia de um jogador de pôquer, como o então diretor-financeiro da casa, Francisco Carlos Gomes. Em determinado momento, houve o temor geral de que aqueles 642 pontos perdidos pelo Dow Jones alterassem o humor dos investidores e reduzissem a pó o esforço feito até aquele momento. Havia a crença de que a janela de oportunidade escancarada em meados de 2007 dificilmente permaneceria aberta nos meses seguintes. Ou seja: se a venda não fosse realizada naquele momento, dificilmente seria concluída naquele ano. E se o negócio não saísse em 2007, ninguém poderia dizer quando aconteceria.

O risco de perder o melhor momento chegou a assustar, mas foi apenas um dos ingredientes que fizeram o coração de cada um dos integrantes da equipe da Bovespa trabalhar em ritmo mais acelerado naqueles dias. Quem trabalha com ações sabe que os movimentos de alta ou de baixa fazem parte da natureza do negócio. Mas havia outras preocupações naquele momento. O grupo sabia que, ao oferecer as ações da empresa a investidores experientes e habituados a analisar dezenas de ofertas semelhantes todos os anos, estava, na verdade, submetendo a Bovespa a uma espécie de *check-up*. A saúde da empresa seria esquadrinhada nos menores detalhes e o resultado final do exame atestaria a qualidade do mercado brasileiro e da própria gestão da companhia. Todos os números teriam de ser expostos aos investidores de forma detalhada. No final, tudo correu bem e o resultado da operação pode ser considerado uma espécie de selo de qualidade conferido por quem mais entende de ações em todo o mundo: justamente os próprios investidores.

Para merecer o selo, no entanto, foi preciso percorrer um caminho longo e sinuoso. Quando nem passava pela cabeça dos próprios cotistas a ideia de transformar a Bovespa em empresa, abrir o capital e oferecer ações ao mercado, a equipe da casa já buscava informações, produzia estudos, analisava cenários, comparava a legislação do Brasil com a de outros países e iniciava os passos em direção a algo que, para a maioria das pessoas, não passava de um sonho distante. De um devaneio.

– Muitos achavam que seria uma loucura tentar mexer numa estrutura que vinha funcionando mais ou menos da mesma forma havia mais de cem anos, lembraria, meses depois da IPO, o presidente do Conselho de Administração da Bovespa, Raymundo Magliano Filho. – Mas, para nós, estava muito claro que, sem a abertura de capital, jamais conseguiríamos aumentar a importância da bolsa na economia brasileira.

Veterano no mercado de ações, estudioso aplicado de filosofia e adepto dos conceitos desenvolvidos pelo pensador italiano Norberto Bobbio, Magliano tinha um objetivo muito claro no momento em que chegou, no ano de 2001, ao mesmo posto que seu pai, Raymundo Magliano, ocupara em 1972. Adaptando o pensamento de Bobbio, Magliano acreditava que a democracia podia ser praticada não apenas na política convencional, mas em todas as instituições da sociedade. Até mesmo nas empresas.

Como presidente do Conselho de Administração, sua ideia era conduzir o mercado de ações do Brasil a uma posição semelhante àquela que ele ocupa nos Estados Unidos, isto é, capaz de atrair parte substancial da poupança das pessoas para os investimentos nos papéis das empresas. Para isso, seria necessário executar dois movimentos simultâneos. Em primeiro lugar, ampliar a quantidade de pessoas interessadas em investir em ações no mercado brasileiro. Isso foi feito mediante uma campanha educativa sobre a função do mercado mobiliário, que realçou as vantagens, alertou para os riscos e procurou esclarecer as principais dúvidas que do investidor em relação a esse mercado. Ao mesmo tempo, era preciso melhorar o ambiente para os investimentos – algo que exigia outro tipo de campanha.

A essa altura, já ficara claro para todos que o ambiente em torno da IPO da Bovespa envolvia uma série de detalhes que iam muito além do desejo da empresa de colocar suas ações à venda. Antes de 1994 – ou seja, faltando 13 anos para a IPO –, os investimentos em ações padeciam do mesmo mal que afetava toda a economia brasileira. A inflação fora de controle e os desajustes de um ambiente instável e pouco confiável afetavam a credibilidade não apenas do país, mas também de todas as suas empresas. Depois que o Plano Real garantiu a estabilidade, o mercado brasileiro viveu três períodos distintos. Primeiro, uma fase de extrema euforia, provocada, sobretudo, pelo interesse que a privatização das empresas de telecomunicações despertou entre os investidores estrangeiros. Passada essa fase, o mercado mergulhou num período de enormes dificuldades – que só foram superadas depois que a própria Bovespa chamou para si a responsabilidade de sugerir mudanças na lei e tornar os investimentos em ações mais atraentes para os investidores brasileiros e estrangeiros.

Os problemas que levaram o pessoal da Bovespa a agir começavam pela legislação societária brasileira, prosseguia na política tributária do governo e passava por uma série de situações semelhantes. Primeiro foi preciso esperar que as condições do ambiente melhorassem, tomar providências para que a própria bolsa se modernizasse para, finalmente, começar a falar em IPO com alguma chance de a ideia ir adiante. E, só então, partir para a elaboração de uma estratégia detalhada, cujo objetivo final seria convencer os mais importantes investidores do mundo a adquirir ações da Bovespa. Porém, na reta final, ou a partir do momento em que se anunciou publicamente que a bolsa iria abrir seu capital, foi preciso fazer um movimento extremamente delicado: manter os antigos sócios da Bovespa informados sobre tudo o que se passava e, ao mesmo tempo, garantir que eles não abrissem a boca sobre os pontos que pudessem prejudicar o andamento dos trabalhos.

Tratava-se de um problemão: como conciliar a opção pela transparência com as regras rígidas da IPO – que, conforme se sabe, exigem que os detalhes de operações como aquela que a Bovespa se propunha a realizar sejam mantidos sob rigoroso controle e evitem o vazamento de opiniões e informações que possam influenciar as expectativas dos investidores?

Qualquer palavra dita por qualquer um deles na hora ou no lugar errado poderia comprometer toda a operação. Ou seja: uma das maiores dificuldades enfrentadas ao longo da IPO foi manter os mais de 100 antigos donos do negócio a par do que se passava e, ao mesmo tempo, garantir o silêncio – o chamado *quiet period* – em torno dos detalhes do negócio. Apenas isso já dá uma ideia da dimensão do desafio enfrentado:

– Desde o início, tomamos o cuidado de manter os corretores, que eram os donos da bolsa, sempre informados sobre os passos que pretendíamos dar – revela Raymundo Magliano Filho. – Isso, para nós, era um ponto de honra.

Era mesmo. Desde o momento em que se decidiu fazer a IPO, a Bovespa se viu diante da obrigação de mostrar não apenas que era capaz de se guiar pelas regras do mercado, mas também fazia questão absoluta de que não houvesse qualquer dúvida a esse respeito.

Foi nesse cenário complexo e cheio de detalhes que se deu a história narrada neste livro. Ou seja, muita coisa aconteceu entre o momento em que a decisão de fazer a IPO foi tomada e o instante em que os executivos saíram pelo mundo para oferecer as ações da companhia a investidores reais, de carne e osso. O *road show* – que se resumiu às duas últimas semanas de todo o trabalho – foi a parte mais emocionante e exaustiva do processo. E uma parte do sucesso final da IPO pode ser creditada à decisão de preparar não apenas uma, mas duas equipes de executivos para realizar essa função.

Um dos cuidados que se tomam na hora de planejar um *road show* é assegurar que o maior número possível de investidores seja visitado no menor lapso de tempo possível. Por esse motivo, a agenda das equipes envolvidas no processo é sempre apertada e os executivos que já viveram esse tipo de experiência costumam descrevê-la como uma mistura de maratona com corrida de obstáculos. Tudo precisa ser agendado e programado com antecedência: as reservas nos voos, as reservas nos hotéis, o tempo de deslocamento entre os escritórios dos investidores e mais uma série de detalhes que vão muito além das apresentações em si. Até mesmo o conselho para que se viaje apenas com uma bagagem que possa ser levada na cabine do avião é passado aos integrantes da comitiva. O objetivo dessa providência é não perder tempo diante de uma esteira de bagagem nos aeroportos – o que seria irritante no meio de tanta correria.

Tudo isso, no entanto, é detalhe de menor importância diante do que realmente interessa: cada investidor deve ser abastecido exatamente com as mesmas informações passadas aos demais. As reuniões costumam ser breves – 40 minutos, no máximo. Nesse período, os executivos precisam contar a história da companhia, dizer por que aquela compra pode ser interessante para aquele investidor, falar do desempenho nos anos anteriores e das expectativas para os anos seguintes, revelar os planos de investimentos e ainda responder com clareza, objetividade e segurança qualquer pergunta que o interlocutor faça à queima-roupa. A questão que se colocou desde o início foi: como fazer com que os dois grupos passassem as mesmas informações e enfatizassem os mesmos pontos para investidores diferentes em diferentes partes do mundo?

O primeiro grupo, que recebeu o nome de Equipe Verde (a outra, claro, era a Amarela) visitaria os principais investidores – aqueles que, na avaliação dos responsáveis pelo processo, não poderiam ficar de fora em hipótese alguma. Desse grupo faziam parte Gilberto Mifano, o diretor-financeiro Francisco Gomes e o analista Carlos Alberto Aragon Planas, um jovem analista que nunca se separava de uma batelada de documentos e planilhas com informações sobre a empresa. Em 8 de outubro, depois da véspera intensamente ocupada em São Paulo com fundos, analistas e gestores, o trio passou o dia em reunião com investidores no Rio de Janeiro antes de embarcar à noite para Londres, onde já o aguardava uma agenda carregada, além de executivos do Goldman Sachs e do Crédit Suisse. Dali, o time inteiro iria para Frankfurt e Milão, antes de atravessar novamente o Atlântico e seguir em peregrinação por sete cidades americanas.

A outra equipe, a Amarela, também contava com o apoio de um grupo dos bancos e visitaria os investidores que não poderiam ficar de fora, mas que não caberiam na agenda do Time Verde. Além de Charles Mann de Toledo, era integrado pela então diretora-adjunta de Relações Internacionais, Cristiana Pereira, e pelo analista de Relações com Investidores, Claudio Jacob. Eles deixaram São Paulo, também depois de uma série de contatos com investidores, para encontros com representantes de fundos em Londres, Edimburgo, Amsterdã e Zurique. Foram depois para Cingapura e, dali, voaram para Toronto, no Canadá, e mais seis cidades dos Estados Unidos. Enquanto a viagem corria em ritmo acelerado, e estando Mifano ausente, o diretor-executivo de Assuntos Corporativos, Hélcio Fajardo Henriques, responderia pela bolsa e daria apoio às equipes no exterior. Henriques, um mineiro que resolveu fixar residência no Rio de Janeiro, era conhecido na Bovespa pela serenidade com que enfrentava os problemas mais espinhosos que aparecessem em seu caminho. Nunca perdia a calma. Naqueles dias, no entanto, seu temperamento sossegado submergiu ao ritmo acelerado de todo o mundo que se envolveu com a IPO.

Para resumir a história, em apenas 12 dias de reuniões em três continentes, foram promovidos encontros com aproximadamente 500 investidores em 24 cidades de 10 países. Com um detalhe: entre essas 24 cidades (os principais centros financeiros do mundo), 13 estavam espalhadas por diferentes pontos dos Estados Unidos. Com outro detalhe: o fuso horário entre a Costa Leste e a Costa Oeste é de seis horas – mais ou menos o mesmo que separa os ponteiros do relógio entre São Paulo e Paris. Trabalhar em ritmo acelerado e tomar decisões importantes nessas condições parece insano, não é mesmo? Pode ser. Mas, no final, tudo deu certo: mesmo depois da elevação do preço ofertado, 92,9% dos investidores visitados efetivaram a compra das ações – uma taxa de conversão impressionante para um lançamento desse tipo. Isso significa que, em sua versão final, o "Livro" levou a assinatura de alguns dos investidores em ações mais respeitados de todo o mundo. Quem são esses investidores?

Para Gilberto Mifano, o perfil dos compradores das ações da Bovespa não poderia ser mais adequado:

– Em boa parte, são fundos internacionais tradicionais, que investem em ações de bolsas de valores com perspectiva de longo prazo, porque acreditam nesse negócio. Eles não compram hoje para vender amanhã, mas para ficar muito tempo na empresa. Mas também encontramos fundos que nunca haviam investido antes no Brasil e viram, na compra das ações da Bovespa Holding, uma ótima oportunidade de entrar em nosso mercado, um dos mais promissores do mundo.

O significado desse negócio bilionário ultrapassa em muitas léguas os limites do prédio sisudo da Rua XV de Novembro. Pela sutileza das circunstâncias que envolvem a Bovespa Holding, essa IPO teve implicações para a própria estrutura do mercado mobiliário nacional. No passado – no tempo em que a bolsa era um clube –, os donos do negócio não podiam participar dos lucros que ela gerava. Tudo tinha que ficar dentro da própria organização. Em compensação, eles dispunham de uma série de privilégios. Muitos dos serviços que a bolsa realizava para seus sócios não eram cobrados e sempre numa quantidade igual para todas as corretoras: o acesso aos terminais de comunicação com o pregão eletrônico, para citar apenas um exemplo, era gratuito e proporcional à quantidade de títulos patrimoniais detidos pelas corretoras – e a maioria tinha direito a uma quantidade de equipamentos superior às suas necessidades. Assim que a Bovespa se transformou em sociedade de capital aberto, as corretoras passaram a ter que pagar pelo uso dos terminais. Nesse momento, muitas se deram conta da gordura que carregavam e eliminaram o que havia em excesso. Outro grupo, que tinha direito a menos terminais do que necessitava, ficou liberado para aumentar a quantidade de equipamentos e de serviços.

Houve outras mudanças mais profundas. A primeira regra que caiu por terra foi aquela que reservava o mercado de compra e venda de ações apenas para as corretoras proprietárias de títulos da Bovespa. O próprio plano da IPO já trazia embutida uma regra de transição que, em pouco tempo, franquearia o mercado para novas empresas que demonstrassem condições de operar no pregão. Visto pelo lado da ampliação da concorrência, pode-se dizer que os antigos sócios saíram perdendo. Por todos os outros pontos, no entanto, saíram ganhando. Eles se desfizeram do título patrimonial de um clube que lhes dava privilégios para se tornar acionistas de uma empresa inscrita na ponta mais moderna dos negócios com ações no Brasil: o Novo Mercado.

2 | A recuperação da autoestima

O 10º ANDAR DO EDIFÍCIO da Bovespa, na Rua XV de Novembro, em São Paulo, em nada lembrava o cenário agitado do pregão viva-voz que, anos depois de desativado, permanece na memória de muita gente como o retrato mais fiel do mercado de ações. Ali, naquele ambiente sóbrio, não há gritos nem empurrões e o silêncio é tão natural que parece se misturar com a decoração clássica e discreta de suas salas. Protegidas por um lambri de mogno escuro – como foi moda entre as empresas do sistema financeiro até o início dos anos 1990 –, as paredes acentuam o clima solene do lugar. No passado, aquele andar abrigava a alta direção da maior bolsa de valores da América Latina. Normalmente ocupadas por poucas pessoas, as salas amplas, com seus móveis escuros, em madeira maciça, parecem ter sido feitas para abrigar reuniões mais reservadas – sem a informalidade e sem o ritmo frenético que assistiram nos dias mais movimentados do processo da IPO.

Isso mesmo. A formalidade do 10º andar levou um tranco violento durante o processo que conduziu à abertura de capital da Bovespa. Ali foram tomadas as decisões estratégicas mais importantes e, também, executadas algumas das tarefas mais complexas que, no final das contas, foram as responsáveis pela transformação mais radical – e positiva – vivida pela instituição em seus mais de 100 anos de existência. O espaço mais agitado durante as operações foi a sala de reuniões da Superintendência-Geral – onde pulsou o coração de todo o processo. Em volta de uma mesa que, em condições normais, acomoda uma dúzia de pessoas, sentavam de vinte a trinta executivos – dependendo das tarefas que precisavam ser executadas.

Eles começavam a chegar no final da tarde e avançavam madrugada adentro, em discussões sobre cada detalhe da operação em andamento. Revisavam relatórios, elaboravam planilhas, faziam cálculos complexos e, principalmente, tiravam dúvidas e ouviam sugestões em telefonemas para profissionais que, às duas da manhã no Brasil, podiam estar iniciando o expediente em Zurique, na Suíça, ou retornando do almoço, em Hong Kong. Aquele período de trabalho intenso, no qual se construiu a parte mais trabalhosa da operação e consumiu boa parte do ano de 2007, só aconteceu porque, em março de 2006, uma reunião histórica do Conselho de Administração pusera em marcha o processo de desmutualização da Bovespa.

Pensando bem, não poderia haver cenário mais apropriado para marcar o início daquele processo do que a sala do Conselho de Administração – um lugar revestido por impressionante valor simbólico. Ali estão expostas algumas das telas mais significativas da obra de Benedito Calixto – um nome fundamental na fase pré-modernista da pintura brasileira. São três quadros, produzidos entre 1898 e 1890. Perceba aí a coincidência: 1890 foi o ano de criação da Bovespa. Eles mostram navios a vela atracados no Porto de Santos – de onde era embarcado para o exterior o principal produto da pauta de exportações do país, o café. Um último detalhe ajuda a compreender o valor daquelas cenas para a vida da instituição: os corretores de café daquela época foram os fundadores da Bolsa de São Paulo. Portanto, não só pelo momento, mas também pelas cenas retratadas, as telas de Calixto reverberam um instante crucial da evolução da economia brasileira – o da criação do mercado mobiliário. E naquele momento, no início de 2006, testemunharam a largada para um processo que pode ser apontado como o da própria recriação da Bovespa.

Falar em recriação talvez pareça um exagero – mas quem reparar direito verá que foi exatamente o que aconteceu. O que se buscava desde o primeiro momento era colocar a instituição em novos trilhos – por onde pudesse viajar com mais velocidade e segurança. A ideia de transformar um clube fechado em uma empresa aberta poderia parecer ousada. Mas nada tinha de original. Ao iniciar sua caminhada rumo à IPO a Bovespa estava, na verdade, buscando, com alguns anos de atraso em relação a outros países, adequar-se à estrutura mais moderna entre as bolsas do mundo.

Explica-se: desde que os primeiros corretores da história se organizaram nas associações que deram origem às bolsas, esse mercado funcionava movido por um combustível fundamental – a confiança. Sem confiança, ninguém entrega seu dinheiro nas mãos de um corretor e o encarrega de comprar ações de uma empresa que nunca visitou ou, no caso das mercadorias, de adquirir sacas de soja que ainda nem foi plantada. Foi justamente para merecer a confiança do mercado que as primeiras bolsas do mundo surgiram como sociedades mútuas – onde os sócios têm de confiar e responder uns pelos outros para poderem realizar as operações. O raciocínio era o seguinte: a melhor forma de assegurar a solidez da bolsa era tornar todos responsáveis por todos.

Agora, a ideia de promover a desmutualização e, em seguida, de abrir o capital da bolsa trazia um novo desafio e propunha uma inversão no sentido dessa lógica. O raciocínio passou a ser o seguinte: se a bolsa se transformasse em empresa forte e independente e seus acionistas tivessem direito a participar do lucro gerado pelo negócio, ela própria garantiria seu ambiente de operações e a transparência nas transações se tornaria não apenas obrigatória – mas parte integrante da própria operação. E essa transparência, amparada pelos princípios mais modernos de governança corporativa, seria a principal garantia da boa fé nas operações – além de aumentar a dose de confiança dos investidores na seriedade da instituição.

Dito de outra forma: antigamente, acreditava-se que a melhor maneira de obter a confiança dos investidores era colocar todos os corretores, unidos, a responder pelo cumprimento das regras do mercado. Com a nova estrutura, não. É a bolsa sozinha, como empresa, que passa a ser a responsável pela administração de seus mercados, submetendo os corretores, antigos donos, a seus regulamentos. Além disso, como companhia aberta, ela mesma se sujeita às regras válidas para as outras empresas e passa a ser regida pela mesma batuta que orienta as organizações com papéis negociados no seu pregão.

Seja como for, uma mudança desse porte não podia ser feita da noite para o dia. Ela precisava ser executada com muito cuidado e, mais do que isso, ser conduzida por pessoas que tivessem a confiança dos corretores, que, desde o início, eram os donos do negócio. A condição essencial para que uma mudança destinada a aumentar a transparência do mercado fosse bem-sucedida era tornar absolutamente transparente todo o processo em torno dela.

Na mesma reunião de março de 2006, em que os conselheiros da Bovespa e da Companhia Brasileira de Liquidação e Custódia (CBLC) autorizaram o início do processo que levaria à IPO, foi autorizada a formação de um comitê com uma missão muito clara: caberia a ele a liderança política das negociações. O papel desse grupo, escolhido entre os 24 conselheiros de ambas as entidades, seria assumir a responsabilidade sobre as principais decisões e, mais que isso, iniciar o trabalho de esclarecimento junto aos corretores e bancos sobre o tamanho do passo que estava para ser dado. Nem todos os sócios da Bovespa e da CBLC tinham a mesma clareza sobre a necessidade de alterar a estrutura. Diversos esclarecimentos eram necessários e algumas resistências precisavam ser vencidas. A pergunta que os antigos associados começavam a se fazer era: se a Bovespa funciona bem como sociedade mútua, para que transformá-la em sociedade anônima? Para que mexer em time que está vencendo? Era preciso explicar que os objetivos da mudança eram de longo prazo e que, no final, todos os sócios ganhariam com a mudança.

O presidente dos Conselhos da Bovespa e da CBLC, Raymundo Magliano Filho, e seu vice, Nelson Spinelli, eram presenças naturais naquele grupo. O time era completado pelo ex-presidente da Bovespa, Alvaro Augusto Vidigal; pelo ex-vice-presidente, Eduardo Brenner; e pelos corretores e conselheiros Fernando da Silva Telles e Marcelo Canguçu. Esse grupo, formado por nomes com trânsito e liderança na classe, sem qualquer conflito de interesses, trabalharia em sintonia com os executivos da casa – encarregados, desde o primeiro momento, de tomar as providências práticas que levaram à abertura do capital.

A formação do grupo, na verdade, marcou o início da parte mais sensível – e uma das mais trabalhosas – de todo o processo: o das articulações que eliminaram as resistências, convenceram os indecisos e desaguaram na IPO. Dezenas de reuniões e almoços, centenas de telefonemas e muitas horas de conversa foram investidos no trabalho de explicar, esclarecer, convencer e articular os corretores em torno daquela ideia. E, se as articulações fizeram efeito num período tão curto de tempo, foi porque, a bem da verdade, o trabalho de convencimento estava amparado por estudos, levantamentos, comparações e por uma linha de argumentação convincente, que vinha sendo construída havia quase 10 anos.

O ano era 1995 e o Brasil colhia, naquele momento, os primeiros frutos da estabilização financeira trazida pelo Plano Real. As empresas do país começavam a ser vistas pelo que realmente eram capazes de produzir e o mundo, àquela altura, lançava um novo olhar em direção à maior economia da América Latina. Um olhar muito mais respeitoso:

– Na ocasião, havia uma enorme curiosidade a respeito do Brasil e todo o mundo queria escutar o que tínhamos a dizer – recorda o então superintendente-geral Gilberto Mifano. De toda a parte chegava gente interessada em saber como havia sido possível trocar uma moeda carcomida pela inflação, como era o caso do velho cruzeiro, por uma nova, o real, e mudar a mentalidade de uma população inteira com tanto sucesso.

Naquele momento, o vento era favorável para o Brasil e as pessoas ao redor do mundo começavam a perceber que, depois de uma série de tentativas frustradas de debelar a inflação, o país havia finalmente encontrado um rumo virtuoso. Foi naquele clima que Mifano iniciou uma viagem de trabalho que o colocaria em contato com as principais bolsas da Europa e dos Estados Unidos. A ideia era se aproveitar do momento de prestígio vivido pela economia brasileira para estreitar o relacionamento com os principais mercados do mundo. E, além disso, colher informações sobre aquele que parecia ser um dos maiores gargalos do mercado brasileiro: o sistema eletrônico de negociação. É bom lembrar que, na ocasião, a economia brasileira estava acordando de um longo período de estagnação e que tudo o que havia no exterior era considerado por muita gente como melhor do que o produto brasileiro. Essa era a regra. E ponto final.

A Bovespa pretendia, naquela instante, encontrar um substituto para o Cats – um programa de negociação eletrônica que havida dado conta do recado até então, mas, de fato, precisaria ser substituído por outro mais moderno e seguro. Nas primeira semanas do ano de 1996, um pequeno grupo de profissionais da bolsa, liderado por Mifano, visitou quase uma dezena de instituições na Europa e nos Estados Unidos. Teve conversas prolongadas com os principais executivos do mercado de ações em todo o mundo. Conheceu os procedimentos e estudou as vantagens e as desvantagens das legislações de cada lugar. Se interessou pelos mecanismos de controle e comparou os procedimentos e os critérios de transparência vigentes em cada mercado. Analisou o tamanho e a importância de cada uma das bolsas que visitou e, antes mesmo de voltar para casa, havia chegado a duas conclusões fundamentais.

A primeira foi que havia a possibilidade de usar no Brasil um sistema eletrônico desenvolvido pela Bolsa de Paris, o NSC, que, depois de tropicalizado, ganhou o nome de MegaBolsa. Esse sistema era muito eficiente e seria perfeitamente capaz de atender a todas as exigências que estavam por vir. Em matéria de segurança, de praticidade e de agilidade, ele se comprava ao que havia de mais moderno em funcionamento nos Estados Unidos e estava à frente de quase tudo o que havia na Europa. Ou seja, naquilo que dizia respeito aos detalhes técnicos da operação e à segurança oferecida aos investidores, a Bovespa estaria, já então, ombro a ombro com qualquer outra instituição do mundo. Essa era uma conclusão importante, mas foi um detalhe estrutural que mais atraiu a atenção de Mifano durante aquela viagem. E o levou a concluir que a Bovespa logo teria de passar pelo mesmo tipo de evolução.

A Bolsa de Estocolmo – que no passado pertencera ao governo da Suécia – havia acabado de realizar seu processo de privatização e tinha se transformado em uma companhia independente e aberta. Aquela era, talvez, a maior novidade estrutural implantada no mercado mobiliário do mundo em quase dois séculos de história. A viagem prosseguiu e, pelos lugares por onde passava, Mifano tomava conhecimento de que algo parecido com a mudança promovida na bolsa sueca estava sendo planejado.

A ideia de transformar uma bolsa em empresa fora bem-recebida pelos investidores e estava se alastrando por toda a Europa – e aquilo era mais do que um modismo: os investidores reconheciam que bolsas, tocadas como empresas, podiam ser um bom negócio. A maioria das bolsas do continente, assim como a Bovespa, era formada por sociedades mútuas – e a maioria delas, àquela altura, tomava as primeiras providências para se transformar em empresas e, em seguida, abrir seu capital.

Pelo que viu e ouviu naquela viagem, a direção da Bovespa, incluindo o então presidente do Conselho, Alfredo Rizkallah, logo se convenceu das vantagens daquele novo arranjo societário: em pouco tempo, todas as principais bolsas do mundo deixariam de ter cotistas e passariam a ter acionistas. Essa alteração era mais positiva do que parecia à primeira vista.

Em primeiro lugar, o novo modelo tocava em um ponto fundamental da própria existência das bolsas de valores. Pelo padrão antigo, como já foi dito, as bolsas de qualquer parte do mundo pareciam se colocar um degrau acima das demais companhias. Eram empresas fechadíssimas, que viviam de negociar papéis de empresas que tinham a obrigação de ser abertas e transparentes. Viviam como se dissessem para todo o mercado: "Faça o que eu digo, mas não o que eu faço". A partir da IPO, a história passaria a ser outra. Ao se submeterem às mesmas regras de governança exigidas das instituições que negociavam seus papéis nos pregões, elas passavam a se guiar por um novo ponto de vista. O discurso agora era: "O que é bom para o mercado, também é bom para a bolsa".

Isso pode parecer um detalhe menos reluzente, mas é tudo: serviria, como também já foi dito, para aumentar a confiança dos investidores nos procedimentos da instituição e na isenção de seus interesses. Mas, também, levaria a a instituição a ingressar em uma nova etapa de sua vida – na qual teria liberdade para tomar decisões que eram simplesmente impensáveis no modelo anterior. Um exemplo? No modelo antigo, as bolsas estavam condenadas a ser exatamente do tamanho do seu grupo de donos, num mercado que estava definido desde a época de sua fundação. Só que, de lá para cá, o mundo ficara menor e mais ágil. Como empresas abertas, as bolsas poderiam atrair novos intermediários, promover acordos de cooperação, alianças e até se fundir umas com as outras. Isso lhes permitiria aumentar a escala e racionalizar os custos operacionais. Ou seja: fazer exatamente o que outras empresas sempre tiveram liberdade para fazer.

Além do mais, a nova estrutura daria uma nova face ao velho negócio de compra e venda de ações. Não seria mais necessário ser corretor para ter uma parte das bolsas. Qualquer investidor poderia comprar ações de uma bolsa, recolher os dividendos e vender os papéis caso julgasse conveniente. Em quase todas as instituições que visitou, Mifano foi informado da existência de estudos mais ou menos adiantados para a abertura do capital e, em uma delas, ouviu a pergunta que o acompanhou de volta para o Brasil:

– Por que não fazer o mesmo na Bovespa?

E por que não? Na verdade, o mercado brasileiro, por mais que despertasse a curiosidade dos investidores ao redor do mundo, ainda não tinha pernas fortes o bastante para arriscar um salto daquele tamanho. E ninguém seria capaz de prever, nos idos de 1995, quanto tempo seria necessário para que se tomassem as providências capazes de adequá-lo àquela nova realidade. O Plano Real começava a incluir o Brasil no mapa mundial dos negócios, mas a cabeça das pessoas ainda mantinha viva a memória do período inflacionário. Num cenário como aquele, o dólar e a renda fixa eram apontados como as melhores opções de investimentos e todo o mundo preferia manter distância das aplicações que envolvessem maior exposição ao risco. Parecia improvável, naquele ambiente, que as ações das empresas um dia viessem a se transformar em um termômetro importante para a economia brasileira.

Além disso, não ia muito longe o tempo em que os negócios com papéis, no Brasil, eram envolvidos por uma nuvem densa de suspeitas – que, em muitos casos, deixavam no ar um cheiro forte de manipulação. Os negócios naquele momento eram extremamente concentrados em torno de menos de meia dúzia de ações – e toda vez que o cidadão comum se sentia atraído pela bolsa, algum escândalo o afastava novamente dos pregões. Em 1995, quando a ideia da desmutualização foi ventilada pela primeira vez dentro da Bovespa, ainda estava muito fresca na cabeça de todos os brasileiros – mesmo daqueles que nunca haviam passado na porta de uma bolsa de valores – a lembrança de uma confusão que seis anos antes desferira um direto no queixo do mercado mobiliário e o jogara na lona.

O escândalo estourou em 1989 na Bolsa de Valores do Rio de Janeiro – que tinha então volume de negócios quase duas vezes superior ao da Bovespa. O episódio, que teve como figura central o investidor Naji Nahas, resultou na quebra da Bolsa do Rio e deixou muita gente com um "mico" nas mãos, ou seja, papéis que perderam valor da noite para o dia, com prejuízos finais estimados em centenas de milhões de dólares. Mesmo tendo acontecido no Rio de Janeiro, o escândalo reverberou por todo o mercado brasileiro de ações, afetando também o movimento da Bovespa.

Uma das marcas registradas do mercado de ações, no entanto, é sua capacidade de aprender com os próprios erros e corrigir os problemas que surgem em seu caminho. É assim nos Estados Unidos, na Europa, na Ásia e, claro, no Brasil. Cada movimento equivocado é seguido por uma reação capaz de corrigir as falhas – e, com isso, melhorar a qualidade dos negócios. Com o episódio de 1989, que foi entregue à Justiça, a Comissão de Valores Mobiliários (CVM), a agência governamental encarregada de estabelecer normas e fiscalizar os procedimentos do mercado mobiliário, e os próprios corretores, através da bolsa, tomaram providências que praticamente eliminaram o risco de uma operação ser feita sem o devido lastro – ou seja, o risco de o comprador não ter em mãos o dinheiro para pagar as ações nas condições negociadas com o vendedor. Aquela, por sinal, foi a última vez que o mercado brasileiro ficou sob suspeita por uma falha de procedimento não detectada a tempo de ser evitada. A partir dali, todos os casos de queda acentuada foram provocados por situações criadas fora das bolsas – vários com origem em outros países. Foi um avanço que contribuiu, e muito, para melhorar a qualidade dos negócios no mercado brasileiro e até para tornar mais claros alguns conceitos:

– Especular não é crime. Especular dentro de regras claras é até um movimento positivo para o mercado – analisa Gilberto Mifano. – A pessoa compra um papel por um preço que considera baixo porque acredita que ele subirá depois de certo tempo. Isso é uma especulação positiva. O que não é possível admitir é que alguém, quem quer que seja, influa artificialmente nos preços dos papéis em detrimento dos demais investidores. Isto é manipulação, um crime.

O lado positivo daquele episódio – se é que dá para falar em algo positivo em torno de um escândalo daquele tamanho – foi mostrar ao mercado que era preciso melhorar os procedimentos e que a Bovespa, já naquele momento, dispunha de mecanismos de proteção contra o risco de manipulação superiores aos das demais bolsas brasileiras. Em pouco tempo, o grosso do movimento com ações se deslocou do Rio para São Paulo. Além dessa mudança que foi, digamos assim, acelerada pelas circunstâncias, outras alterações seriam feitas nos anos seguintes com a intenção de melhorar a qualidade do mercado. Algumas delas foram resultado daquela viagem ao exterior, em 1996, e a decisão de adequar a Bovespa aos mesmos ventos que sopravam nos outros mercados até que ela, um dia, se transformasse em empresa e abrisse seu capital.

Isso quer dizer o seguinte: já em 1996, a IPO parecia uma ideia interessante. Mas, como se sabe, a melhor maneira de aniquilar qualquer chance de sucesso de uma ideia é colocá-la em prática na hora errada. De volta daquela viagem, discutido o assunto dentro da casa e analisada a questão de forma mais objetiva, constatou-se que não havia a menor chance de iniciar um movimento daquela magnitude naquele momento. A legislação brasileira para o mercado mobiliário era insuficiente e parecia ter sido construída mais para dificultar do que para estimular os negócios com ações. O ambiente não inspirava a necessária confiança e (talvez esse fosse o principal obstáculo) o mercado ainda era pequeno demais para suportar uma mudança como aquela.

O cenário não deixava de ser interessante. Se, de um lado, o sistema eletrônico de negociações e a qualidade técnica de seus profissionais dava à Bovespa um lugar entre as instituições mais evoluídas do mundo, um conjunto de obstáculos legais, regimentais, tributários e até culturais impedia um maior avanço estrutural. O entulho acumulado por anos e anos de economia desorganizada era mais pesado do que parecia. Não havia um problema que se destacasse sobre os demais. Havia, sim, um conjunto de pendências e de pequenos equívocos que, postos numa mesma cesta, formavam um problemaço.

O mais evidente de todos estava na própria legislação societária em vigor no país. Naquele momento, o Brasil era – e, de certa forma, continua sendo até os dias de hoje – o único país do mundo onde uma pequena parte das ações dá a seu detentor o direito de votar e, assim, participar do grupo de controle de uma companhia; e a outra parte, a maior, não oferece a mesma regalia. Conforme a Lei das Sociedades Anônimas, as ações de uma empresa brasileira se dividem entre preferenciais e ordinárias. As primeiras têm a preferência na hora da distribuição dos dividendos, mas só as outras (as ordinárias) dão aos proprietários os direitos plenos de sócio – entre eles, o de votar nas assembleias de acionistas. E mais, a proporção permitida pela lei, para as sociedades por ação fundadas antes de 2001, é de 1/3 de ordinárias para 2/3 de preferenciais.

O objetivo dessa legislação fora de esquadro, pela qual até dois terços do capital de uma companhia podem ser compostos por ações sem direito a voto, era simples. O foco do mercado no momento em que ela foi concebida era a companhia, não o investidor. A intenção era atrair recursos para uma determinada empresa sem que isso representasse qualquer tipo de risco à manutenção da organização nas mãos dos acionistas originais. Essa regra também foi desenhada, entre outros motivos, para permitir que as empresas estatais pudessem captar dinheiro no mercado sem o risco de deixar de ser estatais.

Ou seja: ao colocar parte de sua poupança pessoal em ações, o investidor demonstrava confiança na empresa. Mas não recebia o mesmo tratamento de volta. A companhia não era obrigada a repassar a seus acionistas informações mais detalhada sobre sua administração nem sobre seus objetivos futuros. E o investidor não tinha o direito de ser informado e muito menos de dar sua opinião sobre o que se passava dentro de uma empresa que, no final das contas, também era dele.

Isso gerou uma distorção que, sem dúvida, contribuiu para manter as pessoas afastadas do mercado de ações brasileiro ao longo de anos. Mas não era o único problema. E mexer num vespeiro desse tamanho não poderia ser feito apenas pela bolsa. Além das questões que dependiam de mudança na legislação – e, portanto, diziam respeito ao Congresso Nacional –, outras medidas teriam que ser tomadas por diversos organismos do governo (e, aí, o problema sairia da esfera exclusiva da Bovespa e cairia nas engrenagens de uma estrutura que, como se sabe, tem um ritmo próprio de funcionamento e é movida por critérios diferentes dos que estimulam uma organização privada). Algumas providências dependiam do Ministério da Fazenda, do Banco Central e da Receita Federal. Outras, a maioria, da CVM.

Depois que todas as alterações legais e regulatórias tivessem sido concluídas – ou, pelo menos, encaminhadas –, seria hora de convencer as empresas a adotar novos procedimentos de transparência e de informar os investidores sobre os limites e as possibilidades desse tipo de investimentos. Tudo isso teria que ser feito mais ou menos ao mesmo tempo caso se pretendesse que o Brasil viesse, um dia, a se tornar um mercado relevante e respeitado no cenário dos negócios com ações. E para que a bolsa pudesse sonhar com sua própria IPO.

O caminho seria longo. Um dos pontos centrais era a necessidade de melhorar a qualidade das informações sobre as companhias abertas. No momento em que todos começassem a receber informações sobre planos de investimento, riscos, projetos de expansão e condições do mercado de uma empresa específica, os preços das ações passariam a refletir uma situação muito mais real do que antigamente. Explica-se: as ações deixariam de ser encaradas apenas como algo que se compra barato hoje para vender mais caro amanhã – mas passariam a ser avaliadas também, pelos dividendos que seriam capazes de gerar, numa política de investimentos de longo prazo. E essa política não seria definida pela empresa ao sabor de suas necessidades de momento (conforme acontecia no modelo antigo), mas permanentemente informada ao investidor. O problema era: como garantir que isso acontecesse em um mercado onde a norma era tratar os acionistas de uma mesma empresa com pesos e medidas tão diferentes? Essa questão precisava ser enfrentada o mais cedo possível.

À primeira vista, uma canetada única seria suficiente para derrubar aquele muro pelo alicerce. Se todas as ações preferenciais fossem convertidas em ordinárias, a situação entraria automaticamente nos eixos. Seria muito bom se fosse mesmo tão fácil. O problema é que as consequências de uma medida dessa natureza poderiam ser mais desagradáveis do que o mal que se pretendia remover. Se fosse implantada de uma hora para outra, sem qualquer critério, aquilo poderia provocar um desacerto generalizado na vida da maioria das empresas abertas do país. Como corrigir a distorção entre ordinárias e preferenciais sem criar uma deformação ainda maior e respeitando direitos legítimos já estabelecidos?

Havia duas atitudes possíveis. A primeira seria sentar e esperar o tempo que fosse necessário até que as companhias abertas brasileiras se dispusessem a funcionar conforme as normas de transparência e de respeito aos direitos do acionista minoritário que vigoram nos melhores mercados do mundo. Isso dependia de uma mudança de mentalidade que poderia levar décadas para acontecer. Outra solução seria criar uma nova estrutura – paralela à anterior – e tentar atrair para dentro dela um número crescente de organizações. Nesse caso, as empresas, de forma voluntária, adotariam regras de governança que tivessem um desenho mais moderno do que o previsto na legislação brasileira. Regras de governança mais rigorosas do que as estabelecidas na legislação brasileira. O que se buscava, ali, era eliminar as antigas distorções, aumentar a quantidade e melhorar a qualidade das informações passadas pela empresa ao mercado. Esse foi o caminho escolhido.

Um estudo concluído no final dos anos 1990 pela Universidade Harvard, nos Estados Unidos, comprovava que o mercado acionário de um país tende a ser tão forte quanto é o grau de respeito aos direitos dos acionistas que nele investem. Em outras palavras, quanto mais regulamentação houver em relação aos direitos dos minoritários, mais sólido tenderá a ser o negócio com papéis. Nos países onde isso acontece, as médias de três indicadores utilizados para aferir o grau de desenvolvimento do mercado costumam ser maiores do que nos países onde a proteção ao minoritário é mais frouxa. Os indicadores são:

- Número de empresas por habitantes;
- Valor do mercado de ações em relação ao PIB;
- Quantidade de IPOs por habitante.

Entre as medidas de proteção mais apreciadas pelos investidores, uma das principais é a clareza na divulgação dos resultados – e era justamente esse o foco mais central do Novo Mercado (grafado com letras maiúsculas), um dos passos mais importantes dados em nome da modernização do mercado brasileiro.

É possível afirmar, sem a menor possibilidade de erro, que, sem o Novo Mercado, 90% das IPOs realizados no Brasil na primeira década do século XXI não teriam passado de um sonho. Outro fato interessante é o seguinte: visto com os olhos da época de sua criação, o Novo Mercado pode parecer uma iniciativa isolada, que surgiu apenas para dar uma satisfação a investidores que exigiam mais informações da empresa e atrair o capital estrangeiro para o mercado brasileiro. Posto sobre uma linha do tempo, no entanto, percebe-se que ele faz parte do mesmo processo que resultou na IPO.

O Novo Mercado nada mais é do que uma tentativa de implantar no mercado brasileiro normas de transparência idênticas às que vigoram nos mercados de ações mais evoluídos. Normas e práticas que fossem capazes de encurtar a enorme distância que então existia entre o preço que os investidores estavam dispostos a pagar pela compra de ações, sem a segurança e as informações necessárias, e o preço que os empreendedores estavam dispostos a receber para aceitar novos sócios e com eles dividir os resultados de seu negócio.

Todo o estoque de papéis lançado por uma empresa listada no Novo Mercado é composto apenas por ações ordinárias, com direito a voto. Quem as possui, independentemente da quantidade, tem os mesmos direitos tanto no que diz respeito à distribuição de dividendos quanto ao acesso às informações sobre a vida da companhia. Além disso, esse novo sistema de listagem trouxe consigo a melhora da qualidade e da profundidade dos dados e dos números que as companhias informam ao mercado. E procurou imprimir mais agilidade e segurança na resolução dos eventuais conflitos de interesses entre os sócios – jogando uma pá de cal sobre o velho argumento de que os pequenos precisam se curvar diante do interesse dos acionistas maiores. No caso de surgir alguma pendência, ela não seria obrigatoriamente levada à Justiça. Seria, antes, submetida a uma câmara de arbitragem com poderes para chegar a uma solução que – por acordo prévio – seria acatada pelos dois lados.

O acionista sai ganhando e a empresa, também. A abertura de capital, como se sabe, é a alternativa mais moderna e menos onerosa para uma companhia levantar os recursos necessários para os investimentos em sua expansão e modernização. Sobretudo em um ambiente econômico como o do Brasil, onde as taxas de juros nas últimas décadas sempre foram um desestímulo histórico à tomada de financiamentos, a situação parece perfeita: o empresário cede uma participação em seu negócio em troca dos recursos de que necessita para investir na companhia. A ideia, com a criação do Novo Mercado, era instituir um ambiente que proporcionasse maior clareza para o investidor e, na mesma medida, fizesse com que ele se sentisse mais à vontade para compartilhar os riscos – e também os ganhos – com uma companhia que julgasse promissora. Na visão de Gilberto Mifano, a transparência faria o investidor se sentir atraído pelas ações da companhia:

– A ideia era que os negócios com ações passassem a ser atraentes não apenas pelas operações de compra e venda do papel, mas também pelo potencial de desenvolvimento das companhias e de suas políticas de pagamento de dividendos.

Logo ficou claro que seria mais fácil atrair para o novo segmento as companhias que ainda não tinham capital aberto e que pretendessem lançar ações na bolsa. Nesse caso, bastaria que elas, no momento em que decidissem fazer sua IPO, se adaptassem às novas regras de transparência e governança e já estreassem no pregão guiadas pela partitura do Novo Mercado. O mais difícil seria convencer as empresas que já operavam pelo antigo sistema a migrar para as novas regras de transparência.

A solução imaginada para trazer ao novo segmento, mesmo que de forma gradual, as companhias já listadas na bolsa, foi criar dois níveis intermediários entre as regras básicas da legislação vigente e as novas regras, voluntárias, do Novo Mercado. Assim, foram implantados o Nível 1 e o Nível 2. As empresas que aderissem ao Nível 1 se comprometeriam a seguir os mesmos requisitos de transparência adotados no Novo Mercado, continuando, porém, com ações preferenciais e sem se submeter à Câmara de Arbitragem. As que migrassem para o Nível 2, adicionalmente, passariam a conferir mais direitos às ações preferenciais, ainda admissíveis, e adeririam à Câmara de Arbitragem. Estava, assim, criado um corredor de ascensão para o Novo Mercado.

O Novo Mercado e os níveis intermediários foram lançados em dezembro de 2000. O Nível 1 estreou em junho de 2001 com a adesão simultânea de 15 companhias já listadas. O Nível 2 começou exatamente um ano depois, com duas empresas – a estatal Centrais Elétricas de Santa Catarina (Celesc) e a Globo Cabo, antecessora da NET. Também em 2002, apareceu a primeira empresa disposta a fazer parte do Novo Mercado: a Companhia de Concessões Rodoviárias (CCR), formada pelas empreiteiras Andrade Gutierrez, Camargo Corrêa e Norberto Odebrecht para explorar, sob o sistema de concessões, algumas das principais rodovias do Brasil. Tratava-se de um modelo de companhia feito para tocar um negócio que ainda era visto no país com ressalva por alguns setores: o da concessionária privada que explora um serviço público. A CCR seria a primeira empresa não estatal autorizada a cobrar pedágios em grandes rodovias no Brasil. A adesão ao Novo Mercado foi a saída que os sócios encontraram para dissipar qualquer suspeita em torno de seus números e de sua relação com os acionistas fundadores, todos eles grandes empreiteiras. Diante disso, a empresa se dispôs a trabalhar em um ambiente mais transparente e conquistar a confiança dos investidores.

Algum tempo depois, a Sabesp – empresa pública de saneamento de São Paulo – aderiu à nova modalidade, movida por necessidades um pouco diferentes daquelas que estimularam a CCR. Ocorreu o seguinte: o então governador de São Paulo, Mário Covas, consciente da importância da eficiente e regular atuação da concessionária para os cidadãos de seu estado, pretendia blindá-la e deixá-la a salvo das influências políticas mais nocivas, capazes de comprometer a qualidade da gestão da companhia. A solução que encontrou foi inscrevê-la no Novo Mercado. Ao fazer isso, aumentou as exigências de clareza que pesavam sobre a companhia. Com duas empresas desse porte incluídas nessa modalidade de negócios, o Novo Mercado parecia promissor. O problema é que as adesões pararam por aí. Durante um bom período, a CCR e a Sabesp foram as únicas inscritas.

Aparentemente, ninguém queria saber da transparência oferecida pelo novo segmento. A verdade, porém, é um pouco diferente: a estreia do Novo Mercado coincidiu com um dos momentos de maior desânimo no mercado mobiliário brasileiro e internacional – que, então, se recuperava do estouro da bolha das empresas "pontocom" e da queda das torres gêmeas de Nova York. E o Brasil, que também sofria os efeitos desses fenômenos, ainda enfrentava mais duas crises – uma externa, da "quebra" da Argentina, e outra interna, derivada do "apagão" da energia elétrica e do nervosismo que cercou as eleições presidenciais de 2002. Criar as condições para que o mercado recuperasse o vigor e se tornasse um dos mais ativos do mundo também faz parte da história que conduz à IPO.

Muita gente aponta para a aceleração do mercado mobiliário brasileiro entre os anos de 2004 e 2007 como consequência direta do momento de expansão vivido pela economia do país naquele período. Por essa visão, bastou que surgissem os primeiros sinais de crescimento para que os empreendedores se animassem a captar recursos para investir no crescimento de seus negócios e o apetite dos investidores estrangeiros se voltasse para as ações das companhias nacionais. Pode ser. O difícil é saber qual teria sido a história caso o mercado brasileiro continuasse operando dentro das mesmas regras que valiam no passado e sem o ambiente introduzido pelo Novo Mercado. É bem provável que, naquelas condições, o investidor preferisse manter uma distância prudente, exigindo um bom desconto no preço das ações – desconto esse que os controladores das empresas não teriam aceitado. O grande volume de movimentação diária registrado no período mais acelerado do mercado não seria consequência apenas do bom momento vivido pelo país – mas também do longo caminho percorrido desde que a direção da Bovespa decidiu dinamizar o mercado de ações e do conjunto de mudanças que ela liderou.

♒

Chegar até ali não foi fácil. É preciso considerar que, além da resistência natural que as empresas mais tradicionais demonstravam na hora de levar seus números e projetos ao conhecimento do público, a adesão ao Novo Mercado foi também prejudicada, numa primeira etapa, pela própria situação do mercado de ações do Brasil naquele momento. A onda de vigor que a bolsa demonstrara nos anos de 1995, 1996 e 1997 – quando as privatizações atraíram investidores do mundo inteiro e provocaram altas espetaculares nas cotações e um recorde de movimentação atrás do outro – evidenciara a força de um negócio de ocasião. O que os investidores queriam era participar da última grande chance de lucrar com a privatização de uma empresa de telefonia no mundo. No auge do interesse despertado pelas ações da Telebrás, a Bovespa chegou a registrar movimento diário da ordem de US$ 1,5 bilhão – valor que só voltaria a ser alcançado mais ou menos dez anos depois. Mas assim que as empresas de telecomunicações foram transferidas para a iniciativa privada, o movimento despencou. No ano 2000, o da estreia do Novo Mercado, havia minguado para um quinto do que era três anos antes.

Aquela queda espetacular no volume diário serviu para expor a verdadeira realidade do mercado brasileiro. Este jamais cresceria se mantivesse a mesma estrutura tributária daquele momento. Os custos com impostos exigidos do investidor no mercado brasileiro eram tão nocivos que as companhias, quando emitiam novas ações, preferiam lançar recibos de ações na Bolsa de Nova York (chamados de ADRs, sigla para *american depositary receipts*) a oferecê-las no mercado local. Até empresas de grande porte, como a Vale do Rio Doce ou a estatal Petrobras, preferiam negociar seus papéis no mercado americano para driblar a voracidade do fisco brasileiro. Raymundo Magliano Filho recorda o clima de desânimo que se alastrou pelo mercado e a tensão que a direção da Bovespa viveu no momento em que a movimentação diária atingiu seu ponto mais baixo:

– O clima era de velório. Era preciso tomar alguma atitude para reverter aquele quadro. Se não nos mexêssemos, correríamos o risco de ver a Bovespa morrer em nossas mãos.

Se o nível de autoestima do mercado mobiliário brasileiro fosse medido naquele momento, o resultado seria próximo de zero. As providências que começaram a ser tomadas quando Magliano assumiu a presidência do Conselho de Administração da Bovespa, em janeiro de 2001, eram de concepção simples, mas sua execução exigiria empenho e paciência. A Bovespa estava disposta a liderar um movimento destinado a convencer o governo e o Congresso Nacional a promover um ajuste tributário capaz de atrair para o pregão tanto o investidor brasileiro (que se mostrava arredio) quanto o estrangeiro (que havia arrumado as malas e ido embora assim que a onda das privatização passara). Seria iniciada uma campanha para eliminar dos negócios de compra e venda de ações a cobrança de um nocivo imposto tipicamente brasileiro – a Contribuição Provisória Sobre Movimentação Financeira, a malfadada CPMF, ou "imposto do cheque". Aquele tributo – na prática, uma mordida de 0,38% sobre o valor de uma ação a cada vez que ela mudasse de mãos – era encarado como uma das barreiras que mais dificultavam o ingresso de dinheiro estrangeiro no mercado mobiliário brasileiro e o principal responsável pela migração substancial das companhias abertas do país para a Bolsa de Nova York. Em certo momento, o custo para negociar uma ação da Petrobrás no Brasil, apenas por conta da CPMF, desconsideradas todas as demais despesas, comparado a idêntica negociação feita em ADRs nos Estados Unidos, chegou a doze vezes o total dos custos e comissões praticados naquele mercado.

A campanha de dimensão nacional destinada a eliminar a cobrança da CPMF das operações com ações no mercado brasileiro deu certo. A eliminação foi obtida em 2002, portanto, muito antes de o tributo ser finalmente extinto pelo Congresso Nacional, no ano de 2007. Aquela providência tinha importância vital no sentido de aproximar as condições operacionais da Bovespa daquelas que vigoravam em outros países do mundo. A caminhada que levou até essa vitória, no entanto, foi árdua – uma das mais difíceis no caminho que conduziu à IPO.

O que se viu então foi uma das páginas mais felizes da história do mercado mobiliário brasileiro. Houve mobilização geral dos corretores e de uma série de segmentos da sociedade civil em torno da necessidade de mudança de realidade que, no final das contas, acabaria por beneficiar uma quantidade enorme de pessoas nos quatro cantos do país. Travada em duas frentes, a batalha tinha objetivo muito claro: convencer o maior número possível de pessoas de que o investimento em ações não era uma operação financeira como outra qualquer, mas um tipo de negócio que ajuda a oxigenar empresas responsáveis pela geração de empregos e pelo recolhimento de tributos no país.

A primeira das duas frentes concentrou suas operações em São Paulo. Sua principal meta era atrair a atenção da sociedade e criar um ambiente de apoio à extinção daquele tributo sobre as transações feitas na Bolsa de Valores. Naquele momento, o pregão viva-voz ainda estava ativo e os profissionais que diariamente entravam naquela espécie de arena para comprar e vender ações tiveram papel fundamental. Houve um momento em que eles chegaram a paralisar o pregão e sair em passeata pela Rua XV de Novembro, onde ficava a sede da Bovespa, e outras do Centro Velho de São Paulo. Como em qualquer passeata sindical, eles foram às ruas, gritaram palavras de ordem, distribuíram panfletos e tentaram convencer as pessoas de que a CPMF estava matando o mercado mobiliário brasileiro.

– Aquele foi um momento especialmente difícil – recorda Mifano. – No auge das dificuldades, havia até quem sugerisse acabar de uma vez por todas com a Bovespa e transferir todas as negociações de papéis das empresas brasileiras para Nova York. E o pior é que aquelas pessoas não diziam aquilo como piada, mas como algo que desejavam que fosse levado a sério...

Era mesmo uma situação incômoda. Mas, por incrível que pareça, foi aquele cenário onde tudo parecia desmoronar que acabou criando o clima favorável para a campanha, além de preparar o terreno para a abordagem corpo-a-corpo a ser travada em Brasília com o objetivo de convencer os parlamentares a apoiar o fim da cobrança da CPMF nas operações com ações. Foram dez meses de viagens constantes a Brasília e uma peregrinação interminável pelos gabinetes dos parlamentares. No total, houve contatos pessoais com

480 deputados e 60 senadores. Foi preciso persistência e disciplina de formiga para chegar ao resultado favorável. No dia 20 de março de 2002, finalmente, uma votação histórica baniu o absurdo que era a cobrança da CPMF sobre os negócios de compra e venda de ações.

A vitória na batalha que eliminou o "imposto do cheque" foi um passo importante na trajetória que desaguaria na IPO da bolsa – mas quem observasse o cenário com atenção perceberia que aquele êxito, por maior que fosse, não era suficiente para fazer o mercado voltar a crescer na proporção desejada. Ainda havia um extenso caminho a ser percorrido e vários obstáculos a serem removidos até o mercado atingir a maturidade. Criadas as condições tributárias que, embora não fossem ideais, eram as melhores possíveis dentro da realidade brasileira, havia ainda o desafio de tentar atrair o maior número possível de pessoas para dentro do ambiente da bolsa. A intenção era que uma quantidade cada vez maior de brasileiros olhasse para a Bovespa, entendesse os fundamentos do mercado e percebesse que ali estava uma boa alternativa de poupança. E, para isso, havia um plano que podia ser resumido ao seguinte: se as pessoas não vêm à Bovespa, a Bovespa vai até elas.

∿∿
∿∿

Um trabalho de esclarecimento destinado a promover uma mudança de cultura tão profunda não é algo capaz de produzir resultados da noite para o dia. Mas, se bem executado, pode ser o início de uma caminhada bem-sucedida. Assim foi a estratégia elaborada para levar a Bovespa ao maior número possível de pessoas. Desde o início, tinha-se a certeza de que seria preciso fazer algo diferente do usual para que todos tivessem clareza sobre os objetivos da organização.

Os primeiros a serem abordados, naturalmente, foram os jornalistas. Durante toda a sua história, a bolsa sempre atraiu o interesse da imprensa e cultivou o hábito de manter os jornalistas informados sobre o que acontecia no mercado. O que mudou, então, foi o padrão desse relacionamento. Em lugar de simplesmente atender aos jornalistas e abastecê-los com as informações que eles solicitavam, a instituição passou a convidá-los a conhecer o mercado mobiliário em profundidade. Cursos, palestras, *workshops* – tudo foi feito no sentido de dar aos profissionais da comunicação a bagagem necessária para conhecer em profundidade o mercado de ações.

A ideia era mostrar a eles toda a engrenagem que existe por trás dos negócios de compra e venda de ações e fazê-los entender um aspecto fundamental do mercado de renda variável: que as negociações com papéis das companhias, embora um investimento de risco, sujeito às flutuações do mercado, não eram obscuras. Formar uma consciência em torno desse e de outros pontos era, por sinal, uma preocupação permanente na cabeça de Magliano:

– Não existia, no Brasil, uma cultura de investimento em ações como a que existe nos Estados Unidos, por exemplo. Alguns dos parlamentares, jornalistas e outros formadores de opinião com quem conversamos naquele momento demonstravam ter uma ideia equivocada a respeito da atuação da bolsa e do mercado de ações.

Depois do trabalho junto aos jornalistas, foi a vez das universidades. O passo seguinte foi ainda mais ousado e original: trazer os trabalhadores para dentro da bolsa. Os primeiros a serem contatados foram os filiados aos sindicatos ligados à Força Sindical e à antiga Central Geral dos Trabalhadores (CGT). Juntas, as duas centrais congregavam em suas bases um contingente de mais de 18 milhões de trabalhadores – massa considerável, para ninguém colocar defeito. Educar parte daquela gente sobre o mercado de ações era um sonho que havia se transformado em meta: era preciso atrair o interesse da maior quantidade possível de pessoas. E para isso, nada melhor do que trabalhadores organizados em sindicatos, que formavam um grupo sensível ao argumento de que o investimento em ações seria uma forma moderna de participar da vida das empresas.

Foi criado, em torno daquela ideia, um programa de palestras levado às principais capitais do país – que recebeu um nome que não poderia ser mais direto: "A Bovespa Vai Até Você". O programa, que começou a ser estruturado antes mesmo de o Congresso Nacional estabelecer as novas condições tributárias, deu seus primeiros passos em 2002, mas foi lançado oficialmente em 2003, estendendo-se pelos anos seguintes.

A ideia não poderia ser mais oportuna: a intenção era explicar em detalhe o funcionamento de uma bolsa de valores para pessoas que, na maioria das vezes, não tinham qualquer noção sobre os conceitos e o funcionamento do mercado de ações. Algum interesse em torno do assunto existia. No ano 2000, o governo havia autorizado que trabalhadores de todo o país utilizassem parte de seu Fundo de Garantia por Tempo de Serviço (FGTS) para adquirir ações da Petrobrás. Essas ações pertenciam ao estoque do próprio governo – que pretendia quitar uma parte de suas dívidas com o FGTS, conservando em seu poder apenas os papéis suficientes para manter o controle da companhia em suas mãos.

O programa foi um sucesso: mais de 312 mil trabalhadores adquiriram ações da estatal com parte de seu FGTS. No início de 2002, outra operação foi levada adiante com resultados ainda mais expressivos. O governo colocou à venda cerca de 30% das ações ordinárias da Companhia Vale do Rio Doce que continuavam em seu poder, mesmo depois da privatização. Perto de 800 mil pessoas se inscreveram para comprar as ações com seu FGTS. Os dois grupos somados formavam um batalhão enorme de investidores que, em sua maioria, apesar de já estarem na bolsa, tinham escassa familiaridade com os mecanismos de compra e venda de ações e não sabiam direito que destino dar a seus papéis. A intenção da Bovespa era promover uma campanha de esclarecimento que mostrasse a essas pessoas e às demais, todas neófitas nesse tipo de aplicação, como e por que investir em ações.

Foi, portanto, para se aproximar dos novos investidores – e de todas as pessoas que viessem a se interessar pelo mercado – que a Bovespa criou o programa de palestras sobre o tema. E não mediu esforços para fazer a informação chegar a todos os lugares onde pudesse ser útil. A partir do início de 2003, exposições itinerantes sobre o mercado acionário e a bolsa foram instaladas no interior de algumas *vans* decoradas com cenas do pregão viva-voz. Postas na estrada, essas *vans* visitaram os mais variados rincões do país – cidades que jamais tinham sido visitadas por qualquer bolsa de valores.

Os "Bovmóveis", como eram apelidadas aquelas *vans* chamativas, estacionaram em portas de fábricas, visitaram escolas e universidades de grandes cidades e pararam até nas praias mais badaladas das temporadas de verão. Chegaram ainda a lugares remotos, como Carajás e Marabá, no Pará, ou Rosário do Catete, em Alagoas. Nesse roteiro, figuravam ainda Governador Valadares e Itabira, em Minas Gerais – todas cidades com uma característica em comum: reuniam grandes grupos de pessoas e de trabalhadores que haviam aderido aos programas de compra de ações com recursos do FGTS. A ideia era disseminar o conhecimento em renda variável, mostrando uma nova alternativa de poupança e sempre deixando claro que se tratava de um investimento de risco. Aquela e outras campanhas parecidas não demoraram a fazer efeito. No final da década de 1990, antes de as vans começarem a percorrer o Brasil, o investidor individual era responsável por cerca de 12% da movimentação da Bovespa. Em 2004, quando elas já circulavam em ruas, praças e estradas, a participação havia saltado para 27,5%.

As viagens dos "Bovmóveis" foram, sem dúvida, um momento importantíssimo na trajetória que conduziu a Bovespa à IPO. À medida que aumentava a quantidade de pessoas que conheciam o investimento em renda variável, outras providências eram tomadas, sempre com a finalidade de melhorar a qualidade do mercado brasileiro e torná-lo mais atraente para os investidores brasileiros e estrangeiros. A questão da transparência, por exemplo, continuava a merecer atenção especial da bolsa. O Novo Mercado, que na virada do século XX para o XXI havia sido visto por muita gente como a solução para o problema da transparência, ainda não tinha se mostrado atraente para as empresas – com as honrosas exceções da CCR e da Sabesp. Era preciso tomar uma atitude capaz de impedir que a ideia naufragasse por falta de adesões. Um grupo de executivos foi encarregado de estudar o assunto e a conclusão a que chegou foi que o Novo Mercado, apesar de ter mais pontos positivos que negativos, ainda era uma realidade distante do mercado brasileiro.

O Novo Mercado, na verdade, propunha uma transformação radical da mentalidade dos empreendedores e controladores das empresas. Para aderir a ele, donos de empresas habituados a decidir sem dar bola a seus sócios minoritários teriam que, de uma hora para outra, dar voz a eles, e ao mesmo tempo se desnudar, revelando ao mercado seus planos e todos os seus números. Aquilo, convenhamos, era uma mudança substancial para um mercado sem tradição de transparência como era o brasileiro. Sair do mercado tradicional e ingressar no novo segmento significava, numa comparação absurda, saltar do primeiro para o segundo andar sem a ajuda de escada ou de elevador – ou seja, um sacrifício descomunal. Daí se explica a existência dos dois níveis intermediários de governança corporativa. Mesmo assim, sem o indispensável estímulo de uma economia em crescimento, era inútil esperar que os empresários se dispusessem a dar esse salto sem estarem premidos pela necessidade de captação de recursos.

Todas essas mudanças, somadas à ampliação do mercado, apontavam na direção correta. A partir de 2004, quando as providências modernizadoras tomadas pela Bovespa convergiram com o momento favorável da economia brasileira, o apetite dos investidores de todas as partes do mundo tornou-se voraz e as empresas perceberam que chegara a hora de mudar. Com pessoas dispostas a investir em seu crescimento através da compra de ações, seria mais conveniente para elas caminhar na direção do Novo Mercado do que permanecerem atreladas a um modelo anacrônico.

Os números falam por si. Depois de passar anos e anos com apenas duas empresas listadas – a CCR e a Sabesp –, o Novo Mercado começou a receber vários novos membros e chegou, em 2008, a quase 100 empresas. Além disso, em meados do segundo semestre de 2008, havia 44 companhias no Nível 1 de Governança Corporativa e outras 18 no Nível 2.

Mesmo antes de poder exibir esses números vistosos, o Novo Mercado já se tornara uma referência que ultrapassava os limites do próprio país. Depois de nadar durante anos e dar a impressão de que morreria na praia, o Novo Mercado tornou-se referência importante e um exemplo de operação bem-sucedida no mercado de valores mundial. De uma hora para outra, a Bovespa passou a ser convidada para apresentar as regras do Novo Mercado em países emergentes importantes – como a China, a Índia e a Turquia – e, também, no maior e mais consolidado mercado de ações do planeta – o dos Estados Unidos. Sempre a convite dos governos locais, do Banco Mundial ou de outras instituições da mesma envergadura. A cada avanço registrado ficava mais claro que a hora da IPO se aproximava:

– Ninguém aqui calçou salto alto nem achou que a batalha estava ganha – diz Mifano ao se recordar daquele momento. – Mas uma coisa estava clara para nós: o mercado brasileiro havia recuperado a autoestima.

3 | Prazo curto, eficiência máxima

QUANDO EMÍLIO RANGEL PESTANA reuniu um grupo de negociantes de café para fundar a Bolsa Livre de São Paulo, em 1890, ele criou um clube de negócios fechado e sintonizado com o que havia de mais avançado em sua época. O Brasil dava, naquele momento, os primeiros passos de sua vida econômica real: a escravidão havia sido extinta apenas dois anos antes e o país recebia levas e levas de imigrantes que chegavam para substituí-los na lavoura do café. A República fora proclamada havia menos de um ano. Tudo ainda estava por fazer. O café, principal mercadoria de exportação do país, era negociado em escritórios dispersos pelo centro de São Paulo – e existia uma balbúrdia enorme em torno do preço da mercadoria. Rangel Pestana percebeu ali uma necessidade e uma oportunidade e propôs a criação de um espaço que amarrasse as pontas daquelas operações. Ou seja, que reunisse vendedores e compradores para acertar o preço e as condições dos negócios.

Aquele modelo, que já havia sido implantado em outras partes do mundo, daria mais clareza sobre as transações e seria considerado o embrião do mercado de valores mobiliários brasileiro. A bolsa levou alguns anos para se consolidar. Fechou, foi reaberta e, nas décadas seguintes, conheceu momentos de alta e experimentou quedas espetaculares – como, aliás, acontece com todas as bolsas do mundo. Em pouco tempo, deixou de negociar apenas café e passou a negociar papéis da dívida pública, então chamados "fundos públicos", e participações nas empresas que se instalavam no Brasil, na primeira infância do processo de industrialização do país. A crise mundial que se seguiu à quebra da Bolsa de Nova York, em 1929, quase levou de arrasto todas as demais bolsas existentes na época. E, naturalmente, não poupou a brasileira.

Depois daquela crise, o mercado se equilibrou, voltou a crescer, enfrentou uma guerra mundial, voltou a cair e se ergueu novamente – e, mesmo com esses altos e baixos, ficou cada vez mais claro para os investidores que aquele tipo de operação era essencial a qualquer economia que se pretendesse moderna, arejada e aberta às oportunidades. No Brasil, o mercado mobiliário esteve por muito tempo atrelado aos grandes centros mundiais. Mas, em determinado momento, começou a ficar para trás até perdê-los de vista. A insistência em manter sua economia fechado ao restante do mundo (hábito cultivado durante a maior parte do século XX) fez com que o Brasil abdicasse de andar em sintonia com o mundo desenvolvido.

Assim, durante muito tempo, o mercado brasileiro viveu alheio ao que acontecia no restante do planeta. A partir dos anos 1990, contudo, quando a economia se abriu e a direção da Bovespa tomou as providências necessárias para a ampliação e a modernização do mercado local, a sintonia com o mundo pôde enfim ser recuperada. Em apenas 10 anos (entre aquela viagem ao exterior, em 1996, e o ano de 2005), o mercado sofreu mudanças, se atualizou e avançou mais do que nos 50 anos anteriores.

Um dos momentos mais marcantes dessa evolução se deu no dia 30 de setembro de 2005 – quando a Bovespa assistiu ao último pregão viva-voz de sua história. Era o fim de uma era. A partir daquele momento, os gestos nervosos dos operadores (que, inclusive, haviam sido a imagem-símbolo da campanha de popularização da bolsa, poucos anos antes) não mais seriam vistos no pregão da Rua XV de Novembro. Toda e qualquer transação, a exemplo do que acontecia havia pouco tempo nas principais bolsas do mundo desenvolvido, passaria a ser feita por meios eletrônicos.

Aquele passo tinha significado maior do que parecia à primeira vista, e pode ser considerado o sinal de que as condições para a abertura de capital, inexistentes em 1996, vinham sendo criadas – a Bovespa estava em permanente evolução. Muitos obstáculos tinham sido removidos e não havia mais motivos para adiar a desmutualização. Muito menos para não se fazer a IPO. Isso ficou claro naquela reunião histórica de março de 2006, quando o Conselho de Administração da bolsa, sob o testemunho dos quadros de Benedito Calixto, autorizou o início do processo. Conforme observou Raymundo Magliano Filho, chegara o momento pelo qual a bolsa tanto havia trabalhado:

– As condições estavam dadas. Não havia mais motivos para adiarmos aquela decisão.

E, assim, deu-se a largada.

Por todos os lados, havia sinais de que a Bovespa havia crescido muito, se tornado independente de seus antigos controladores e, em muitos casos, até maior e mais moderna do que eles. A bolsa havia crescido, mas, para continuar crescendo, tinha que dar mais um passo. Agora, precisava se emancipar definitivamente dos proprietários originais. Aquele, por sinal, era um universo heterogêneo, interessante – e conhecê-lo ajuda a entender por que a desmutualização havia se tornado tão importante para a Bovespa não parar de progredir.

Nos primeiro anos do século XXI, muito já havia mudado em relação à estrutura original, na qual mais ou menos 70 corretores dividiam em partes iguais a propriedade da bolsa. Com o acordo de integração feito com a Bolsa de Valores do Rio de Janeiro e as bolsas dos outros estados, o número de membros havia saltado para cerca de 130. Aquele havia sido um movimento bem estudado e também parte do processo que conduziu à IPO. A decisão da Bovespa de absorver os corretores menores, que operavam em diversas partes do país, resultou também de uma estratégia de consolidação do mercado que era essencial para a IPO. No passado, o mercado de capitais brasileiro (que já não era grande, mesmo quando aferido pela soma de suas partes) era constituído por pouco menos de uma dezena de bolsas de caráter regional – que não conseguiam crescer e, ao mesmo tempo, impossibilitavam a expansão do sistema como um todo. Em outras palavras, que fragmentavam o que já era pequeno.

Para se ter uma ideia desse obstáculo, e até um período não muito distante, basta dizer que a cidade de Santos, no litoral de São Paulo, abrigava sua própria bolsa de valores, que imaginava disputar o mercado com a Bovespa. O mesmo acontecia em algumas capitais do país, onde pequenas e arcaicas estruturas tornavam o negócios com a compra a venda de papéis extremamente disperso. A consolidação do mercado, com acordos firmados com todas as bolsas de valores do país, ocorreu em 2000.

A incorporação dos corretores dessas instituições trouxe para dentro da Bovespa, no entanto, a diversidade que antes estava no mercado. Como cada uma das bolsas tinha tamanho diferente das demais, e muito menor do que o da Bovespa, era mais do que natural que o valor de seus títulos de propriedade variasse conforme a procedência. Quando a direção da bolsa decidiu prosseguir com a consolidação do mercado brasileiro, cada título de propriedade que dava às corretoras originais acesso pleno aos pregões da Bovespa custava cerca de R$ 4,8 milhões. Já para os associados que ingressaram nos quadros da bolsa a partir dos acordos firmados, o valor dos títulos de suas bolsas de origem podia valer menos de um décimo do da Bovespa. A solução idealizada, e que viabilizou o processo de consolidação, foi a de subdividir o título patrimonial original da Bovespa em doze partes. Assim, os novos corretores, vindos de outras partes do país, puderam participar da maior e mais preparada das bolsas brasileiras, utilizando como moeda de pagamento seus próprios títulos patrimoniais para obter uma cota na Bovespa, de forma compatível com suas próprias condições.

Com as incorporações, o quadro de associados da Bovespa começou a aumentar, mas a situação no interior da casa passou a refletir o fato de que nem todos eram sócios na mesma proporção. Também entre os antigos donos havia uma situação de desigualdade: os processos de fusão e aquisição de corretoras, que ocorreram ao longo da história, fizeram com que um mesmo membro pudesse deter duas cotas ou até mais. Ou seja, havia uma situação que, além de interferir nos princípios de equilíbrio que deveriam existir em uma sociedade de responsabilidade mútua, criava problemas de convivência entre os associados. Para completar, nem todas as corretoras que gravitavam em torno da Bovespa tinham o mesmo porte, o mesmo poder de fogo empresarial e os mesmos objetivos estratégicos. O grupo era extremamente heterogêneo e a variedade de interesses, muitas vezes, criava um clima que beirava o conflito.

Entre os associados, havia corretoras que pertenciam às maiores instituições financeiras privadas do país – como Bradesco, Itaú e Citibank, por exemplo. Havia, também, empresas ligadas aos bancos de investimento de presença internacional. Também existiam empresas familiares dos mais variados portes (umas mais, outras menos capitalizadas) que operavam nesse mercado havia muitas décadas. Ou seja: o grupo era formado por empresas muito diferentes e em seu interior, como era possível esperar, havia divergências frequentes. Cada um esticava a corda para o lado que lhe era mais conveniente e essa situação, em alguns momentos, acabou se refletindo sobre a própria administração da bolsa.

A proposta de IPO trazia também a possibilidade de colocar ordem nessa situação e um ponto final nas disputas políticas que, no limite, forçavam a Bovespa a marchar em passo mais lento do que estava preparada para dar. Eis aí um ótimo motivo para a desmutualização: se, em lugar de ser o palco da disputa de interesses entre associados tão distintos, a Bovespa passasse a ter acionistas com o objetivo comum do lucro, sua administração se tornaria muito mais ágil e eficiente. Esse era o xis da questão. Quanto aos corretores, ou seja, os donos do negócio, eles poderiam escolher entre continuar sócios da instituição ou não. Mas poderiam continuar exercendo livremente seu trabalho de comprar e vender ações. Só que, agora, em condições de competição mais acirrada do que as que existiam no tempo da velha Bovespa.

Esse, certamente, era um bom argumento em favor da IPO. Mas havia outros. O caminho aberto dez anos antes em Estocolmo se mostrara extremamente positivo para todas as bolsas que seguiram por essa trilha. As que já haviam passado pela metamorfose e se transformado em empresas melhoraram. E mais: naquele ano de 2006, a mais importante de todas – a de Nova

York – também se converteria em empresa aberta. Uma vez concluído o processo de desmutualização, Nova York se tornaria um concorrente muito mais ágil e agressivo – e certamente poderia avançar sobre o mercado brasileiro com uma voracidade ainda maior do que já demonstrara. As consequências desse movimento só não seriam terríveis para o mercado brasileiro caso a Bolsa de Nova York encontrasse à sua espera um competidor igualmente ágil – mas que tivesse raízes fincadas no mercado.

As raízes e o conhecimento do mercado local, a Bovespa tinha. Faltava-lhe apenas a agilidade que viria com a IPO.

Além de ser um concorrente de peso, Nova York era, também, um caso a ser estudado com atenção pelo pessoal da Bovespa. Já tinham se passado nada menos do que sete anos entre o momento em que a maioria dos sócios da Bolsa de Nova York formalizara a decisão de transformá-la em empresa e o instante em que o processo de desmutualização foi finalmente concluído. Em Wall Street, tudo foi feito com calma e eficiência. No caso da Bovespa, pelo que se veria nos meses seguintes, não haveria a possibilidade de ter calma. Ou melhor: era preciso realizar a operação no período de tempo mais comprimido possível e isso apenas aumentava a necessidade de eficiência.

O grande trunfo da Bovespa era que o alicerce já estava pronto quando a casa da IPO começou a ser construída. A quantidade de informações acumuladas pela instituição desde que tivera contato pela primeira vez com o assunto era enorme. Os estudos nos quais se basearam tanto o processo de desmutualização quanto a própria IPO vinham sendo realizados havia 10 anos – e já incorporavam soluções adotadas durante a desmutualização das outras bolsas. Essa vantagem, no entanto, perderia toda sua utilidade se houvesse descuido em torno de um detalhe fundamental: os associados da instituição – com toda sua heterogeneidade e seus interesses conflitantes – teriam de ser convencidos de que a transformação da Bovespa em sociedade anônima (e a consequente abertura de mercado que isso acarretaria) lhes traria benefícios. Se esse trabalho não fosse bem feito, todos aqueles estudos, levantamentos, planilhas e projeções se tornariam papéis inúteis e correriam o risco de acabar na lata de lixo. Portanto, não havia tempo a perder. Assim como acontecera na época da mobilização que pôs fim à cobrança da CPMF sobre os negócios com ações, Mifano e os outros diretores da casa foram a campo.

Os executivos da Bovespa não ignoravam as dificuldades que teriam pela frente, mas conheciam bem o terreno em que estavam pisando. Uma experiência anterior – a que resultara na criação da Companhia Brasileira de Liquidação e

Custódia (CBLC) – havia sido conduzida pela Bovespa cerca de dez anos antes com amplo sucesso. O surgimento da CBLC, que se deu em 1997, no período em que o Conselho de Administração da bolsa era presidido por Alfredo Rizkallah, pode ser considerado uma espécie de ensaio para a desmutualização.

Naquele episódio, houve a cisão de uma parte do capital da Bovespa – e a transformação de parte do valor dos títulos de propriedade em ações da CBLC. Ao contrário da Bovespa, que era uma sociedade sem fins lucrativos, a CBLC seria uma sociedade anônima com objetivo de lucro – e que responderia pela compensação e liquidação das operações ocorridas na Bovespa e pela guarda das ações negociadas no pregão.

A empresa daria ao investidor a garantia de que a ação que ele estava adquirindo por intermédio de uma corretora de fato existia e estava depositada em lugar seguro. Ou seja, estava sob sua custódia. A ela também caberia controlar rigorosamente o risco das operações; liquidar a operação; entregar o dinheiro do comprador apenas quando o vendedor disponibilizasse as ações adquiridas; e ainda registrar, no final de cada expediente, quem era o titular de cada título, que podia trocar de mãos mais de uma vez durante um único pregão. Criar aquela empresa, conforme recorda Mifano, foi um teste para o que aconteceria, numa escala muito maior, 10 anos mais tarde:

– Para criar a CBLC, tivemos que convencer um grupo de corretores a se desfazer de parte do poder que detinham na instituição. Nosso argumento foi o da vantagem que teriam com sua especialização, optando ou pelo lado da corretagem ou pelo lado da custódia e da liquidação. Para os investidores, principalmente os mais sofisticados, este novo arranjo conferia muito mais confiabilidade ao negócios feitos na Bovespa.

As lições deixadas pelo processo de criação da CBLC foram fundamentais – e extremamente úteis no momento em que começaram os trabalhos em torno da IPO. Em primeiro lugar, aquela iniciativa mostrou aos executivos que não era suficiente se cercar de bons argumentos técnicos na hora de convencer os associados da Bovespa a mexer em suas participações no negócio. Era necessário, também, levar em conta aspectos mais subjetivos – relacionados, inclusive, com as diversas correntes políticas que existiam no interior da organização. Um grupo não poderia ter a sensação de que outro levaria mais vantagem ao final do processo – e era preciso ter a noção das palavras mais adequadas para se relacionar com cada um deles.

Todas as divergências, no entanto, se anulavam no momento em que os associados conseguiam vislumbrar na mudança proposta a oportunidade de um bom negócio. Foi assim no momento da criação da CBLC. O ano de 1997, apenas para recordar, marcou o auge de um período de intensa movimentação no mercado de renda variável brasileiro. Estimulada pela privatização das companhias de telecomunicações, a bolsa experimentou naquele instante um crescimento repentino – e foi justamente através dessa janela de oportunidade que os executivos da Bovespa fizeram passar a ideia de criação da CBLC.

Agora, no instante em que os efeitos das mudanças implantadas no mercado finalmente começavam a ser notados, uma nova janela de oportunidade estava escancarada e seria um erro não aproveitá-la. Na reunião realizada em março de 2006, quando os 19 conselheiros da Bovespa e da CBLC finalmente autorizaram o início da desmutualização, foram tomadas algumas providências práticas. Em primeiro lugar, estava claro para todos que uma mudança tão importante, que mexeria diretamente na forma como eles se relacionavam com a bolsa havia décadas, não poderia ser tomada ali, naquela sala decorada com as telas de Calixto. Os 19 conselheiros reunidos tinham o poder para dar início aos estudos de forma oficial. Mas a decisão final sobre um tema tão importante, que mexia diretamente com o patrimônio dos corretores, não poderia ser tomada apenas por eles. Era uma decisão que competia à Assembleia Geral.

De qualquer maneira, muita coisa teria que ser feita antes. A primeira providência era abrir uma concorrência para contratar um assessor financeiro. Ele seria o responsável, no final das contas, por atribuir um valor para a companhia e dizer em quantas ações se dividiria seu capital. Esse preço não poderia ser nem tão baixo que prejudicasse os antigos donos do negócio, nem tão alto que afastasse os possíveis compradores. Dito assim, parece óbvio. O difícil era encontrar uma modelagem para a nova estrutura da bolsa que permitisse encontrar um valor que se encaixasse nessa argumentação. Essa seria a missão do assessor financeiro. A ele caberia a montagem da engenharia financeira que existe em torno da transformação de uma sociedade mútua em uma empresa. Tarefa delicada: um pilar fora de seu devido lugar pode comprometer toda a estrutura.

Por mais dificuldades que apresentasse, o processo da Bovespa despertou o apetite de muita gente. O porte daquele negócio e a visibilidade que uma operação como aquela proporcionaria acabaram despertando o interesse de muita gente graúda no mercado. No final, 16 bancos entregaram seus respectivos envelopes com proposta à diretoria da Bovespa. Todas foram estudadas e analisadas em seus mínimos detalhes. A disputa serviu para mostrar o quanto aquela IPO seria interessante. A escolha do vencedor, a cargo do Comitê da IPO, se daria de acordo com um critério que já estava claro na cabeça de Mifano desde o início do processo:

– Seria escolhida aquela que significasse a melhor proposta para os interesses da instituição.

Parece óbvio, mas a questão é que nem todos os bancos envolvidos na disputa enxergaram o cenário com os mesmos olhos. Um deles chegou até a sugerir que a Bovespa não tinha condições de fazer sua própria IPO – ela só daria certo se fosse feita simultaneamente com um lançamento de ADRs em Nova York. Seja como for, entre os 16 envolvidos na disputa, apenas um, o Goldman Sachs, não detinha cotas da Bovespa. Todos os demais eram proprietários de títulos patrimoniais que lhes asseguravam o direito de comprar e vender ações. A maioria dos bancos, inclusive, possuía corretoras de grande destaque – responsáveis pela negociação diária de grande quantidade de papéis. Até aí, tudo bem. O problema é que alguns executivos desses bancos confundiram os papéis. Eles entenderam que o fato de as instituições para as quais trabalhavam terem atuação expressiva dentro da Bovespa lhes conferiria algum tipo de vantagem no processo de escolha. Na reta de chegada, três haviam se destacado: o Crédit Suisse, o UBS-Pactual e o Goldman Sachs.

A proposta do Comitê de Desmutualização ao Conselho da Bovespa e ao da CBLC, indicando o Goldman como escolhido, baseou-se em razões extremamente simples e essencialmente técnicas. Por feliz coincidência, o preço apresentado pelo Goldman foi o mais vantajoso para a Bovespa. Mas o ponto determinante para a escolha foi a experiência do banco de investimentos americano em operações dessa natureza. Embora aquela fosse a primeira desmutualização realizada no Brasil, várias já tinham sido feitas no mundo, com o banco presente na maioria delas, inclusive numa das mais intrincadas – a da Bolsa de Nova York. Essa vantagem, conforme recorda Rodrigo Mello, vice-presidente do Goldman Sachs, teve peso decisivo:

– Nós tínhamos, como os outros, uma equipe que se dedicaria a esse negócio com força total no Brasil; mas também que poderia manter contato permanente com profissionais de outras partes do mundo muito experientes nesse tipo de negócio. E nessa vantagem ninguém poderia oferecer tanto quanto nós.

A partir daí, a Bovespa teve sua vida virada do avesso. Tudo esquadrinhado e verificado com olhos atentos. Os executivos do Goldman Sachs tomaram de assalto o 10º andar do prédio da Rua XV de Novembro e se debruçaram sobre o cenário que tinham à frente, comparando-o com casos semelhantes dos quais haviam participado. Mais adiante, apresentaram a outro consultor contratado para trabalhar no processo uma lista de sugestões, muitas delas utilizadas na elaboração do novo estatuto da Bovespa.

– Esse trabalho fazia parte do pacote da desmutualização, mas já foi feito com os olhos voltados para a IPO. Com toda a experiência que havia acumulado nesse tipo de negócio, o pessoal do Goldman Sachs nos alertou para os aspectos que o investidor estrangeiro normalmente leva em conta na hora de se tornar sócio de uma bolsa de valores – recorda Mifano.

O contratado que recebeu e analisou as sugestões do Goldman Sachs foi o advogado Paulo Cezar Aragão, da banca Barbosa, Müssnich & Aragão, antigo conhecido da direção da Bovespa. No final dos anos 1970 e no início dos 1980, ele havia comandado o Departamento Jurídico da CVM, onde se tornara amigo de Hélcio Henriques, que mais tarde se tornaria assessor direto do superintendente-geral da Bovespa. Depois de deixar a CVM, Aragão tornou-se um dos mais respeitados especialistas em direito societário do Brasil. Foi ele quem chefiou – apenas para citar o exemplo de uma das operações complexas que estiveram sob sua batuta – o time de especialistas que conduziu o processo de privatização das empresas do sistema Telebrás. Aquele trabalho foi concluído no ano de 1997. Quando a banca de Aragão destrinchou aquela operação, ninguém no Brasil tinha a menor noção de como deveria ser conduzido um negócio tão complicado como aquele. Era preciso criar mecanismos que garantissem a lucratividade das empresas e, ao mesmo tempo, adotar um modelo que não prejudicasse a necessidade de integração dos pontos mais remotos do Brasil.

Aquela operação fora muito grande, mas não a única: ao assumir a missão de transformar a Bovespa em empresa aberta, Aragão trazia em seu currículo outros negócios de porte e complexidade semelhantes. Foi ele, para citar mais um exemplo, o advogado que assessorou a brasileira AmBev na associação com a belga Interbrew, no processo que daria origem à Imbev.

Entre o trabalho com a Telebrás e a criação da Imbev, Aragão havia tido seu primeiro contato profissional com a Bovespa. Quando a bolsa decidiu criar a CBLC, no final dos anos 1990, foi ao mercado em busca de um profissional capaz de resolver um problema espinhoso como aquele. Foi então que, por meio de Hélcio Henriques, Aragão acabaria convidado para conduzir a operação. Foi um sucesso. Com toda sua bagagem e, além disso, com o prestígio que aquela operação lhe rendeu dentro da casa, seu nome se tornou escolha natural da direção da Bovespa no momento em que, finalmente, chegou a hora de pôr em marcha os processos da desmutualização e da IPO:

— Como não havia antecedentes de desmutualização de bolsa no Brasil, tínhamos de encontrar o caminho, e o caminho que encontrássemos acabaria se tornando o jeito certo de atuar — analisou Aragão depois da conclusão dos trabalhos.

Era uma situação, no mínimo, interessante. Além das dificuldades naturais de realizar, pela primeira vez, uma operação daquele tipo em um mercado que costuma olhar com desconfiança redobrada qualquer movimento diferente, havia problemas concretos a enfrentar. Pouco depois de a Bovespa dar início aos trabalhos que conduziriam à desmutualização e à IPO, a CVM apresentou em audiência pública a norma que acabaria se transformando na Instrução 461. Em outras palavras: a instituição que, no final das contas, tinha a última palavra sobre como a bolsa poderia fazer sua desmutualização e a IPO, começou a discutir justamente no mesmo momento uma mudança profunda na regulamentação e a organização das entidades administradoras de mercados, como é o caso da Bovespa. Os riscos dessa coincidência de movimentos para a desmutualização da Bovespa são descritos por Aragão:

— Havia o risco de dispararmos a flecha em uma determinada direção e o alvo ser mudado de lugar depois que ela já estivesse em movimento, quando já não houvesse mais nada que pudesse ser feito.

No final, houve a compreensão por parte da CVM de que as mudanças que estavam sendo cogitadas não poderiam, em hipótese alguma, inviabilizar a IPO da Bovespa. Assim, ficou acertado que os passos mais importantes que a bolsa pretendesse dar seriam informados previamente à CVM — que analisaria a situação no menor prazo possível e diria prontamente se aquilo poderia ficar do jeito que fora pensado ou se precisaria ser alterado. Não é possível dizer que tenha existido uma espécie de parceria entre as duas instituições, muito menos afirmar que a CVM tenha feito qualquer concessão à Bovespa. Mas, na conclusão, conforme observou Mifano, o procedimento adotado acabou contribuindo para que a desmutualização fosse feita no menor lapso de tempo possível:

— A CVM desempenhou papel fundamental. Ela não esperou que estivéssemos com tudo pronto para, então, dizer o que podia e o que não podia ser feito. Cada passo do processo foi analisado em seu devido tempo e, quando necessário, corrigido antes de prejudicar as etapas seguintes.

Houve um aspecto específico, da maior importância, que exigiu mais cuidados do que os demais — e no qual a CVM acabou aceitando a sugestão da Bovespa. Esse aspecto envolvia um dos pontos mais sensíveis de toda a mudança que viria com a IPO: como deveriam ser resolvidos, no futuro, eventuais conflitos de relacionamento entre a bolsa e algum de seus antigos donos – os corretores. Quando era uma entidade sem fins lucrativos, a Bovespa tinha a autoridade e a responsabilidade de supervisionar o mercado. Em nome dos demais associados, ela poderia, por exemplo, advertir e até punir uma corretora que porventura se desviasse do comportamento padrão. Isso fazia parte de seu papel como instituição autorreguladora do mercado.

A partir do momento em que se tornasse empresa aberta como qualquer outra e, ainda por cima, tivesse suas ações negociadas no próprio pregão, a Bovespa poderia ser alvo de alguma desconfiança quanto a esta atuação. Alguns já diziam que, como empresa com interesses comerciais e necessidade de gerar lucros para seus acionistas, a bolsa perderia o interesse em desempenhar aquele papel. Só havia um problema com esse tipo de raciocínio: o principal ativo de uma bolsa de valores é a credibilidade e este ativo, sem qualquer dúvida, afeta o valor das ações da bolsa. Nesse caso, a própria Bovespa deveria ser a primeira interessada em contar com uma estrutura que zelasse de fato pela qualidade da supervisão e fiscalização das corretoras – e resolvesse os conflitos que porventura surgissem. Depois de muitas horas de discussão e de análise daquele assunto (inclusive estudando as diferentes alternativas encontradas por outras bolsas que enfrentaram o mesmo problema), a equipe encarregada de conduzir a IPO encontrou uma saída. O melhor seria confiar aquela missão a uma segunda empresa, no caso, fechada – que nascesse com a finalidade de supervisionar o mercado.

Assim, foi apresentada à CVM a ideia de criar a Bovespa Supervisão de Mercado, BSM. Em lugar de ser um departamento da Bovespa, a BSM seria uma empresa sem finalidade de lucro, com Conselho e corpo de técnicos próprios e independência administrativa e financeira. Sua ação seria completamente independente e ela assumiria, com todo o interesse e total autoridade, o papel que não mais caberia à Bovespa. No final, a própria CVM, que no início não simpatizava com a proposta, se convenceu de que a criação da BSM era uma boa ideia:

– Essa foi apenas uma das soluções que encontramos para os problemas que surgiam a todo instante – observa Paulo Aragão. – Era um passo e depois, outro, sempre procurando adivinhar o que a CVM diria sobre nossas ideias.

Paralelamente, outro esforço enorme vinha se desenvolvendo com a participação da empresa independente de auditoria, a PriceWaterhouseCoopers, contratada para auditar os balanços da Bovespa e da CBLC e preparar as bases para a contabilidade da futura bolsa de capital aberto. O trabalho, bastante intenso, foi comandado por dois diretores da casa, Francisco Gomes (Financeiro) e Marcos Antonio Costa e Silva (Administrativo). Ambos ficaram muitas noites em claro revisando números e preparando relatórios financeiros.

Os detalhes da operação foram conduzidos com tanta minúcia que, mais de uma vez, os responsáveis pela IPO viram-se diante de uma situação no mínimo estranha: a Bovespa era obrigada a informar à própria Bovespa sobre os passos que pretendia dar. E, mais de uma vez, receberam "não" como resposta. É que existe dentro da Bovespa uma gerência que analisa com todo o rigor possível os pedidos de adesão ao Novo Mercado – e era justamente aí, no grau mais elevado de transparência, que a Bovespa pretendia se enquadrar. Assim, a direção da Bovespa tinha de submeter seus planos à Gerência de Desenvolvimento de Empresas, sob a responsabilidade de Wang Jiang Horng, uma profissional competente, de origem chinesa. Quando a documentação de uma empresa candidata ao Novo Mercado era considerada em ordem, a papelada era levada ao superintendente-geral, Gilberto Mifano, para que ele fizesse sua análise do processo e desse a palavra final sobre o caso. No final das contas, cabia a Mifano admitir, ou não, uma empresa no Novo Mercado. Só que, naquele caso específico, Mifano era, também, o principal diretor da empresa que pedia para ser aceita na listagem mais rigorosa da casa.

Houve vezes em que os propósitos da equipe encarregada de preparar o processo de desmutualização chocaram-se com a posição dos técnicos da casa – que discordavam do caminho proposto por entender que ele estava em desacordo com as normas. Eles insistiam em expor as suas razões, mas Wang, do outro lado, fincava pé. E dizia que daquele jeito não poderia ser. Também mais de uma vez, foram apontados artigos do estatuto proposto que eram contraditórios entre si ou que estavam em desacordo com os princípios do Novo Mercado. Um caso específico ficou na memória de Paulo Aragão: as discussões em torno do Capítulo XIV do estatuto, que diz respeito à arbitragem para solução de conflitos entre a empresa, seus administradores e acionistas.

Trata-se de um texto longo, com mais de 150 palavras distribuídas ao longo de 11 linhas, sem um único ponto final. Nele, a equipe de Aragão encontrou um erro de regência verbal e sugeriu mudança. Wang – que acabou ganhando dos colegas o apelido bem-humorado de *Chinese Wall* ("Muralha da China"), pela forma como insistia na proteção dos fundamentos do Novo Mercado – disse que a mudança estava em desacordo com as normas da instituição. Aragão explicou que a única mudança fora feita com o objetivo de eliminar um erro de português e dar mais clareza ao texto. Wang reconheceu o erro, mas disse que a redação que constava nas normas era aquela e ponto final. Não retrocedeu e, no final, o texto foi aprovado da maneira como ele entendia estar de acordo com os manuais. O que valia para os outros IPOs valia também para a IPO da empresa em que ela trabalhava. Questão de coerência.

Em diferentes fases, cerca de 10 advogados do escritório de Paulo Aragão chegaram a participar do processo. Enquanto esse time trabalhava nos detalhes jurídicos da operação, a equipe do Goldman Sachs analisava os números e fazia todo tipo de cálculo para estabelecer o valor da companhia, trabalhando ainda na elaboração do primeiro plano de negócios elaborado pela Bovespa em seus 110 anos de vida. Ao mesmo tempo, Mifano levava adiante a missão de conversar com os corretores e convencê-los a aderir à ideia da IPO. Era preciso procurar um por um, marcar hora, sentar, debater, ouvir as opiniões, mostrar as vantagens e convencê-los dos avanços que viriam a partir do momento em que deixassem de ser cotistas para se tornar acionistas. Muitos temiam, por exemplo, que a medida tivesse impactos fiscais desagradáveis – e que a transformação da bolsa em companhia aberta exigisse de seus donos aumento exagerado de impostos. Isso fazia sentido.

A questão fiscal foi, de fato, um dos problemas a exigir atenção especial. Era preciso se cercar de todos os cuidados possíveis para que os antigos donos do negócio não tivessem de recolher tributos sobre os resultados gerados pelas operações da bolsa enquanto associação sem fins lucrativos e de cujos lucros, por lei, eles não poderiam participar. Portanto, não poderia ficar configurado, em momento algum, que a transformação da Bovespa em companhia aberta rendesse – antes que as ações da nova empresa fossem vendidas no ato da IPO – qualquer ganho financeiro aos antigos associados.

Outra questão que surgia com frequência nas conversas com os corretores – especialmente delicada – dizia respeito aos serviços que a Bovespa prestava a seus associados de forma subsidiada ou sem cobrar um centavo por isso. Como organização sem fins lucrativos, a bolsa sempre ofereceu aos corretores uma série de serviços gratuitos ou muito subsidiados. Aquela era uma forma de estimular os corretores a se desenvolver e a prestar serviços de melhor qualidade para seus clientes. Enquanto todos os sócios fossem corretoras e pudessem se beneficiar desse procedimento, tudo bem. Mas, a partir do momento em que o grupo de sócios passasse a incluir investidores quaisquer e grandes fundos de investimento da Europa e dos Estados Unidos, a oferta de benefícios aos antigos donos seria inadmissível.

Um dos pontos mais sensíveis abrangia os 1.500 terminais de acesso ao pregão eletrônico, semelhantes a múltiplos cordões umbilicais que conectavam as corretoras de todo o país com a Bovespa. Ali estavam as veias de todo o sistema eletrônico de compra e venda de ações – que se ligavam ao coração instalado na Rua XV de Novembro. O sistema era eficiente, elogiado, mas tinha um problema: todas as despesas que garantiam o funcionamento daquelas máquinas corriam por conta da Bovespa. Cada título patrimonial dava direito a quatro terminais. Como a Bovespa nada cobrava nem pelas máquinas nem pela manutenção do serviço, algumas corretoras acabavam recebendo mais terminais do que necessitavam para atender a seu volume de serviços. Na outra ponta, também havia problemas: corretoras grandes e mais ativas acabavam recebendo terminais em quantidade inferior à necessária para dar conta de seu volume de ordens de compra e venda.

A partir do momento em que se transformasse numa S.A. com centenas de acionistas dos mais diferentes perfis espalhados pelos quatro cantos do mundo, a Bovespa teria de cobrar por aquele serviço o valor que julgasse mais justo. Aquela mudança representou, conforme recorda Mifano, um grande choque cultural para os antigos donos:

– A bolsa era como uma mãe que tem vários filhos. Ela segura o mais agitado e ajuda o mais acomodado, mas tenta proteger a todos de maneira igual, sem deixar o mais esperto comer todo o chocolate antes dos outros. Agora, no novo contexto, cada um teria que se virar sozinho.

Nesse momento, todo o mercado já tinha claro o quanto algumas providências tomadas nos anos anteriores – e para as quais algumas corretoras não haviam dado a mínima atenção – haviam sido importantes na preparação da Bovespa para se transformar em empresa aberta e vigorosa. Algumas foram mais rumorosas, como a criação da CBLC, a consolidação da Bolsa do Rio e das dos outros estados, o fim do pregão viva-voz. Uma dessas medidas foi o serviço de *home broker*. Por esse sistema, o cliente final podia comprar e vender ações pela internet sem sair de sua casa e sem conversar com nenhum corretor. Implantado em 1999 como parte do esforço de popularização da Bovespa, o serviço havia merecido atenção especial de algumas corretoras – que se valeram dele para ampliar sua clientela.

Na época em que o sistema de *home broker* foi implantado, a Bovespa vivia seu pior momento – e muita gente não acreditou que ali houvesse uma chance de negócios que pudesse dar certo um dia. Quando o mercado cresceu e os negócios com ações se popularizaram, as corretoras que acreditaram na bolsa e largaram na frente ganharam um bom dinheiro. Muitas das ações que haviam sido encabeçadas pela Bovespa, algumas das quais pareciam ser apenas frutos do prazer pela novidade, começavam a fazer sentido como partes de uma estratégia bastante elaborada. Aquela percepção, reconhece Mifano, aumentou a credibilidade da direção da Bovespa junto aos associados e deu mais consistência aos argumentos que ela defendia:

– O crescimento do mercado passou a ser visto como um pote de ouro pelos corretores. A partir do momento em que a IPO começou a ser entendida como um modo de pôr a mão naquele ouro, muita gente, que antes se mostrava resistente, aderiu à ideia com grande entusiasmo.

Essas providências acabaram por consumir todo o tempo de que a Bovespa dispunha para garantir o sucesso de sua IPO. Mais de um ano já se havia passado desde a reunião histórica do Conselho de Administração que autorizara o início do processo. Muitas reuniões com os corretores, em almoços, cafés da manhã ou finais de tarde haviam sido feitas. Mifano recorda um desses dias de intensas reuniões com os então donos da bolsa em que ele chegou a falar, praticamente sem interrupção, quase sete horas consecutivas. O *quiet period*, em que ninguém poderia comentar detalhes da operação, já estava correndo havia alguns meses – e ninguém no mercado era capaz de entender como o negócio vinha sendo mantido em segredo havendo tanta gente informada a respeito da situação. Uma palavra dita fora de hora por qualquer dos sócios da Bovespa ou dos executivos e advogados envolvidos no processo poderia pôr tudo a perder. O primeiro semestre de 2007 já estava perto do fim e a equipe envolvida com a desmutualização entendia que seria preciso correr com a papelada e deixar tudo pronto para a assembleia que consolidaria o processo de desmutualização – que, àquela altura, já estava plenamente aceito pelos associados.

O trabalho continuava intenso. Foi naquele momento que o 10º andar da Bovespa, onde funcionava o quartel-general da operação, pareceu se transformar numa mesa de operações típica de corretora: um lugar repleto de pessoas agitadas, que trabalham em ritmo sempre acelerado e estendiam o expediente até altas horas da noite. Tudo precisava ser executado de forma mais ou menos simultânea: tanto a desmutualização quanto a IPO precisariam ser feitas com base nos resultados do balanço da Bovespa relativo ao segundo trimestre de 2007.

∿∿
∿∿

O esquema de trabalho era mais ou menos o seguinte: os meses de julho e agosto deveriam ser gastos em dar os retoques finais na documentação que serviria de base tanto para a desmutualização quanto para a IPO. Para o final de agosto estava prevista a assembleia que transformaria a Bovespa em sociedade anônima, mas ainda de capital fechado. Em setembro seriam feitos os ensaios finais para o *road show* – que é a etapa decisiva da IPO. No final de outubro – antes, portanto, da divulgação dos resultados referentes ao terceiro trimestre do ano –, seria realizada a primeira oferta pública de ações da Bovespa em seu próprio pregão.

Foi com esse cronograma na cabeça e os olhos fixos no relógio que não parava de andar que, no dia 28 de agosto de 2007, no auditório do primeiro andar do prédio da Bovespa, aconteceu um dos momentos mais extraordinários de todo o processo. Ali foram realizadas, num mesmo dia e praticamente ao mesmo tempo, sete assembleias da Bovespa e da CBLC – às quais compareceram a quase totalidade dos corretores da instituição. A sala, que tem capacidade para 150 pessoas, precisou acomodar 170. O desconforto se justificava pela importância do assunto que estava sendo decidido. Nas mãos daquele grupo de corretores estava a responsabilidade de pôr fim a um capítulo importante de uma história de mais de 100 anos. E de inaugurar um novo modelo de negócios em uma das instituições mais tradicionais do país.

Cada uma daquelas assembleias decidiu um ponto fundamental para o futuro da Bovespa. Algumas envolveram apenas os acionistas da CBLC. Outras, só os associados da Bovespa. No final, duas novas empresas foram criadas, a Bovespa Holding, que deteria o controle da Bovespa e da CBLC, e a BSM. Os títulos patrimoniais da antiga Bovespa e as ações da CBLC que estavam nas mãos dos corretores e dos bancos foram trocados por papéis da recém criada Bovespa Holding. O maior risco existente em meio à agitação que se viu no auditório era alguém assinar uma ata que não podia ou deixar de assinar aquela que dependia de suas rubricas. Se as coisas não saíssem exatamente de acordo com o roteiro, todo o trabalho de preparação que havia sido feito até ali estaria comprometido e o processo sofreria um atraso que poderia inviabilizá-lo.

4 | Risco de nocaute

AS SETE ASSEMBLEIAS do dia 28 de agosto de 2007 entram para a história da IPO como um marco no processo de transformação que estava em curso na Bovespa – mas nenhum dos envolvidos tinha ilusões quanto à montanha de trabalho que ainda havia pela frente. Na verdade, por maiores que tenham sido os esforços demandados pela desmutualização, por mais cérebros que ela tenha mobilizado e por mais tensão que tenha produzido, era preciso reconhecer: tudo até ali saíra exatamente de acordo com o que havia sido ensaiado – e os ajustes de rota que se fizeram necessários serviram apenas para dar mais segurança ao processo. Não houve nenhum obstáculo que obrigasse os dirigentes da Bovespa a alterar seus planos de maneira mais profunda nem sobressaltos que os levasse a temer um retrocesso. Mas era forçoso reconhecer que, até ali, as coisas estavam de certa forma sob o controle da equipe da IPO. A questão era: o que aconteceria dali por diante?

A etapa que se iniciaria com a desmutualização e se concluiria com a IPO propriamente dita seria mais breve e, também, muito mais intensa do que a anterior. E, além do mais, dependeria dos humores do mercado. Se a venda das ações fracassasse, a Bovespa não seria nem o clube fechado de antigamente nem a companhia aberta e moderna com que todos haviam sonhado e – pior do que isso – que fora prometida aos acionistas. Tudo, a inteligência, o tempo e o dinheiro investidos até ali, escoaria pelo ralo. Seja como for, tudo estava caminhando bem e o balanço do trabalho feito até aquele momento mostrava uma sequência de sucessos impensável menos de dois anos antes. Note bem:

... depois de convencer os antigos associados da Bovespa a trocar os títulos de propriedade de um clube fechado, onde só entrava quem eles quisessem, por ações de uma companhia que se tornaria aberta;

... depois de manter todos esses associados informados sobre cada passo da operação e, ao mesmo tempo, conseguir que eles mantivessem as bocas fechadas para não prejudicar o andamento dos trabalhos;

... depois de se equilibrar sobre um fio de navalha para elaborar um novo estatuto para a bolsa, para a CBLC, para a BSM e para a Bovespa Holding no mesmo instante em que a CVM preparava uma profunda mudança na regulamentação do mercado mobiliário brasileiro;

... depois de virar do avesso a história de uma organização centenária à procura de qualquer detalhe, por menor que fosse, que ainda pudesse prejudicar a desmutualização;

... depois de fazer uma série de cálculos complicados para formar uma cesta de ações que satisfizesse a todos os grupos de associados que disputavam espaço na casa;

... depois de preparar toda a documentação necessária para transformar por cisão uma sociedade civil sem fins lucrativos (a antiga Bovespa), criar uma nova empresa (a Bovespa Holding), transferir parte do capital da CBLC para essa nova holding, criar outra companhia fechada (a Bolsa de Valores de São Paulo, BVSP) apenas para fazer as operações de compra e venda de ações e, ainda, tirar um pedaço da BVSP e outro da CBLC para criar a BSM – e não se perder em meio a essa confusão de siglas e de situações;

... e, finalmente, depois de realizar as sete assembleias simultâneas para formalizar todas essas mudanças e obter autorização formal para levar adiante a oferta de ações ao mercado e de conseguir que tudo saísse exatamente como deveria sair...

... a Bovespa correu o risco de sofrer nocaute.

Por um detalhe que pode parecer secundário, a desmutualização enfrentou uma ameaça real de não ser bem-sucedida e de ver inviabilizado todo o processo do IPO.

Isso mesmo. Depois de todo o esforço e do zelo da equipe que se envolveu no projeto para que nada desviasse um milímetro do que dita a lei, o trabalho quase se viu derrotado por uma dessas pedras que a burocracia brasileira sempre dá um jeito de colocar no caminho das empresas: o Cartório de Títulos e Documentos. Encarregado de registrar as atas das assembleias que sacramentavam a transformação da sociedade sem fins lucrativos de responsabilidade mútua em uma nova sociedade anônima, o oficial do cartório se recusou a executar o trabalho. Depois de ler os documentos, ele entendeu, certamente por excesso de cuidado, que uma sociedade com as características da Bovespa não poderia ser objeto de uma transformação como aquela:

– Em sociedade civil não pode haver cisão – considerou.

Quem está do lado de fora de uma cena como essa pode considerá-la secundária e incapaz de prejudicar uma operação daquele tamanho. Mas não é bem assim. Aquele foi, na visão do advogado Paulo Cezar Aragão, o momento de maior tensão e desânimo em todo o processo. A recusa do oficial de registrar os documentos interferia na mais sensível de todas as variáveis daquela equação: o tempo. Se o impasse persistisse, a alternativa seria levar o caso à Justiça. Por mais rapidez que houvesse, uma decisão em torno daquele assunto tomaria dias ou até semanas. E, enquanto não fosse dada a decisão do juiz, a oferta das ações não poderia andar. Afinal de contas, nenhum investidor sério compraria papéis de uma empresa com situação legal indefinida. E se o trabalho não seguisse o ritmo previsto, haveria atrasos em cadeia que acabariam por inutilizar o cronograma e impedir que a IPO fosse concluída na data prevista: 26 de outubro. Com um detalhe: se aquele prazo fosse perdido, todos os documentos elaborados com base na situação de 30 de junho de 2007 perderiam a validade e teriam que ser refeitos a partir dos números do terceiro trimestre do ano. Como já se disse, uma IPO tem que começar e ser concluída dentro de um mesmo trimestre fiscal.

A solução foi se cercar dos melhores argumentos para convencer o oficial a mudar de ideia e registrar a papelada que daria existência legal à nova empresa. O argumento de que não poderia haver cisão numa sociedade como aquela não fazia sentido. Um dos pontos levantados foi que, alguns anos antes, parte daquela mesma sociedade civil havia se transformado na CBLC – e o registro da operação havia sido feito ali, naquele mesmo cartório. Assim, o grupo de advogados, liderado por Nora Rachman, responsável pela Diretoria Legal da bolsa, conseguiu convencer o oficial, o registro foi providenciado e o trabalho seguiu seu curso. Mas, conforme observou Aragão, por pouco todo aquele negócio não se enroscava numa formalidade completamente sem sentido:

– Seria triste se, no final das contas, o negócio não saísse por falta de registro em cartório. Me preocupou o esforço que tivemos de fazer para convencer o oficial de que tudo estava correto.

Felizmente, as outras equipes envolvidas no processo não esperaram pela conclusão daquela garabulha para avançar os trabalhos – e o esforço para resolver as questões mais essenciais, que começara a ser feito antes mesmo da conclusão da desmutualização, havia prosseguido normalmente. O papel do Goldman Sachs na primeira fase da operação fora extremamente eficiente. Mas havia, dentro da casa, a consciência de que, sozinho, o banco não daria conta da segunda etapa (a IPO propriamente dita) no tempo exíguo que haveria entre a desmutualização e a oferta das ações ao mercado. Isso não dizia respeito apenas ao Goldman Sachs. Nenhum banco conseguiria fazer tudo o que era necessário em prazos que se afiguravam tão apertados. Era indispensável, portanto, contratar outra instituição para atuar naquela tarefa. A escolha recaiu sobre o Crédit Suisse. Apesar de previsíveis reclamações e protestos, dessa vez não houve maiores questionamentos. Mas, conforme Mifano sempre fez questão de deixar claro, era bom eliminar qualquer dúvida que possa existir a esse respeito:

– Mais uma vez, a seleção foi feita com base em critérios técnicos inquestionáveis: a competência e a experiência do banco nesse tipo de operação, e também a inexistência de conflitos gerados pela eventual participação simultânea em transação semelhante.

Essa, aliás, é uma história que vale a pena lembrar. Uma das razões do sucesso da IPO foi a decisão da direção da Bovespa de, durante todo o processo, cercar-se dos profissionais mais bem preparadas para levar adiante cada uma das etapas do trabalho. Se o ponto que mais pesou em favor da contratação do Goldman Sachs foi o conhecimento do banco em negócios de desmutualização de bolsas ao redor do mundo, o que valeu para o Crédit Suisse foi sua experiência em IPOs no mercado brasileiro. Naquele momento, nenhum outro banco de investimentos acumulava tantas – e tão bem-sucedidas – operações desse tipo quanto o banco suíço. Em 2006, por exemplo, ele havia assessorado a abertura de capital da produtora de etanol Cosan, da construtora Cyrella e da mineradora MMX, entre outras. Como se essas credenciais ainda fossem insuficientes, o Crédit Suisse havia sido responsável pela fusão dos dois maiores portais de compras *on-line* da internet brasileira – americanas.com e submarino.com – e de dezenas de outros negócios vistosos para empresas como Vale, Suzano e TAM. Ou seja, credenciais o banco possuía. Agora, era o momento de colocar as cartas na mesa.

O trabalho do Goldman Sachs e do Crédit Suisse, assim como os papéis desempenhados pelas bancas de advocacia de Paulo Aragão e da Shearman Sterling e pela auditoria independente da PwC, até o fim do processo, foram importantíssimos. Sem a experiência desse time, dificilmente a ideia da IPO teria deixado de ser apenas isso – uma ideia – para se transformar numa realidade de US$ 3,7 bilhões. Mas havia uma série de *démarches* essenciais a respeito das quais esse grupo, por mais eficiente que fosse, nada poderia fazer. Era preciso levar a ideia da IPO para o interior da própria organização – o que só poderia ser feito caso o pessoal da Bovespa fosse envolvido no processo. Em outras palavras, a transformação de uma sociedade civil sem fins lucrativos numa sociedade anônima voltada para o lucro tocava em valores que iam além dos aspectos jurídicos e financeiros. Havia fatores de natureza diversa que também precisavam ser acompanhados de perto, conforme observou o então diretor-financeiro da bolsa, Francisco Gomes:

– A casa teria que passar por uma mudança cultural. E essa mudança teria que ser profunda e envolver a maior quantidade de pessoas possível.

Gomes percebeu isso ainda nos meses anteriores à desmutualização, quando coordenou a elaboração do primeiro plano de negócios produzido pela Bovespa em seus mais de cem anos de existência. Isso mesmo: nos momentos anteriores da vida da organização, ninguém jamais se preocupara em estabelecer metas ou elaborar projeções que indicassem em que direção a companhia estava evoluindo. Na hora em que esse trabalho se tornou necessário, Gomes se deu conta daquela que, na sua opinião, deveria ser a primeira mudança radical vivida pela empresa.

~~~

Na época em que a bolsa pertencia aos corretores que nela operavam, os executivos da casa eram valorizados pelos serviços que produziam e pelos benefícios diretos que concediam aos donos do negócio – os corretores. Cada decisão que, mesmo tirando dinheiro da Bovespa, evitasse que os associados viessem a arcar com alguma despesa, era sempre aplaudida e bem-recebida pelos donos. Afinal, a bolsa era uma associação sem fins de lucro e dela não se esperava a produção de grandes resultados. Como observou Gomes:

– Era quase como se fôssemos premiados por gastar mais.

Isso não queria dizer, como parece evidente, que os executivos da Bovespa gastassem a rodo o dinheiro no qual os associados não podiam tocar. Os principais executivos da casa (a começar pela alta administração) tinham experiência de mercado, estavam habituados a administrar com responsabilidade e a não gastar sem critérios os recursos da instituição. Se não fosse assim, a Bovespa não chegaria à IPO com o caixa forrado por mais de R$ 1 bilhão. Mas era inegável que tal flexibilidade em termos de despesas não teria mais espaço em uma empresa com centenas de acionistas dispersos pelo mundo.

– O prêmio, a partir da IPO, viria do lucro que a bolsa gerasse para seus acionistas. Portanto, passaríamos a ser premiados por gastar menos e, principalmente, por gerar mais receitas.

Foi com essa conclusão na cabeça que Gomes começou a recolher, junto ao pessoal da casa, os dados utilizados na elaboração do plano de negócios da Bovespa. A primeira versão do documento, concluída dias antes da assembleia que garantiu a desmutualização, refletia aquele vício de origem que Gomes havia observado. Feita com base em projeções fornecidas pelos diferentes departamentos da Bovespa, o plano previa despesas muito elevadas e receitas contidas. Depois de uma reunião de avaliação com os executivos do Goldman Sachs encarregados de assessorar a instituição, o documento foi demolido. Não restou pedra sobre pedra. Gomes comprou a ideia sugerida pelo pessoal do banco:

– Era preciso mirar em resultados mais gordos e em despesas mais modestas.

Novas projeções e novos cálculos foram feitos até que se chegasse a um documento desafiador para os executivos da casa e que, sem maquiar a realidade, fosse digerido com mais facilidade pelos investidores. Naquele caso específico, a elaboração do plano de negócios envolveu aspectos que iam muito além da projeção de receitas e despesas nos mais variados cenários imagináveis. A reestruturação societária estava concluída e sacramentada. Mas a nova estrutura montada dependia de providências práticas para começar a funcionar direito. Seria preciso definir os nomes das pessoas que deixariam de ser funcionários da Bovespa e passariam para os quadros da BSM. Também seria imperativo apontar quais tarefas que caberiam a cada uma das empresas integrantes da *holding* criada no processo de desmutualização. Era necessário delimitar o começo e o término da responsabilidade de cada uma das empresas – tanto da bolsa propriamente dita quanto da CBLC e da Bovespa Supervisão de Mercado.

Seria conveniente, desde o primeiro momento, se preocupar com um detalhe que assumiria importância fundamental quando da abertura oficial do processo da IPO: os procedimentos internos que, nos anos seguintes, impactariam diretamente o preço das ações. Algumas linhas de atuação deveriam ficar claras desde o início. A primeira providência seria cortar pela raiz os subsídios oferecidos aos corretores e fixar um preço justo para serviços que até ali eram gratuitos ou subsidiados. Na época, Gomes cunhou uma equação exagerada para justificar junto aos corretores – que, a rigor, ainda eram os únicos donos do negócio – a decisão de passar a cobrar por tudo:

– Cada real que a bolsa continuasse dando na forma de subsídio seria descontado, mais tarde, no preço de venda das ações.

Ocorre que o preço, calculado pelos investidores para decidirem quanto pagar pela ação de uma empresa, é um múltiplo – ao redor de 10 a 15 vezes – dos lucros esperados para os períodos futuros. Subsídios significam menos receita e, portanto, menor lucro. Assim, cada real em subsídio reduziria o preço das ações em 10 a 15 reais!

Era preciso, portanto, criar um modelo que levasse em conta três linhas de interesse distintas. A primeira era a dos benefícios historicamente concedidos aos antigos proprietários. Estes estavam interessados em não perder privilégios e, ao mesmo tempo, garantir que suas ações alcançassem o maior preço possível na hora da IPO. Seria preciso estabelecer um novo modelo de funcionamento e, ao mesmo tempo, criar uma regra de transição que não jogasse no colo das corretoras, de uma hora para outra, custos operacionais com os quais muitas delas não estavam em condições de arcar.

A outra linha abrangia os interesses da própria companhia. A Bovespa não mais poderia, sob pena de se inviabilizar enquanto empresa, manter os custos pressionados pelos privilégios concedidos aos corretores. Ao mesmo tempo, porém, era conveniente que conservasse seu bom relacionamento com eles.

Havia, finalmente, o terceiro grupo de interesse – o dos novos investidores. Sem lhes dar condições atraentes, eles simplesmente não entrariam no jogo. Em outras palavras, só comprariam as ações caso tivessem um preço considerado justo e se a companhia, na comparação com as outras bolsas que se desmutualizaram ao redor do mundo, demonstrasse saúde suficiente e um modelo de negócios para gerar lucros no futuro.

Uma comparação que Gomes costumava fazer com frequência naquele momento era com o cenário que existia nas telecomunicações brasileiras antes e depois da privatização da Telebrás. Antes da privatização, o serviço era barato, mas não havia telefones para todos e a taxa que deveria ser paga para participar do sistema era elevadíssima. Depois que as operadoras estatais foram vendidas, o preço do serviço aumentou, mas a qualidade melhorou e muita gente passou a ter acesso à telefonia. O que os antigos donos precisavam saber – e a maioria deles já estava convencida disso desde o primeiro momento – era que o novo modelo exigiria de todos uma nova postura. E que não haveria chance de sucesso na IPO caso alguém insistisse na preservação dos antigos privilégios.

Enquanto esse tipo de detalhe era acertado, os técnicos que preparavam a papelada da IPO detectaram outro problema – um pouco mais grave. Um dos pontos mais significativos em uma operação de abertura de capital é a quantidade de ações postas à venda na IPO e o quanto elas representam no total do capital da companhia. Para que a IPO da Bovespa vingasse, os bancos coordenadores entendiam que um mínimo de 25% do capital da companhia deveria ser levado ao mercado pelo preço de lançamento. Um volume muito pequeno de ações ofertadas faria os investidores se desinteressarem da operação, já que isso comprometeria a liquidez das ações após a IPO. Por outro lado, uma quantidade muito grande assustaria os investidores, que ficariam com a impressão de que os antigos donos estavam ansiosos demais por se desfazer do negócio. Na maioria das ofertas de ações, a decisão em relação ao percentual posto à venda é tomada por meia dúzia de pessoas, ou até menos. Elas se reúnem, discutem o assunto, chegam ao número de sua conveniência e batem o martelo. No caso específico da Bovespa, havia um porém. E que porém! A decisão final em relação à quantidade de ações que comporiam a cesta não estava nas mãos das mesmas pessoas que conduziam o processo de IPO.

〜〜
〜〜

Um zunzunzum insistente começou a circular no mercado logo nos dias seguintes às assembleias de desmutualização. Muitos corretores vinham dizendo que melhor seria não oferecer suas ações à venda no dia do lançamento, mas esperar que elas se valorizassem para, então, vendê-las. Como o mercado estava aquecido e, àquela altura, não havia sinais de que pudesse despencar, muitos entendiam que o mais conveniente seria segurar os papéis e vendê-los depois da IPO. Essa lógica seria perfeita se não houvesse um obstáculo. Se muitos pensassem da mesma maneira, não haveria ações a oferecer para os investidores. E, se não houvesse a garantia de que pelo menos um quarto do capital da empresa seria ofertado, a IPO corria o risco de derrapar na última curva e não cruzar a linha de chegada. Se isso acontecesse, os preços dos papéis que ficassem nas mãos dos acionistas originais, em lugar de decolar, despencariam em queda livre e ninguém seria capaz de dizer onde poderiam parar.

Aquele, sem dúvida alguma, era um cenário indesejável. Tão desagradável quanto perder o prazo ideal para a IPO seria cumprir todas as formalidades no tempo certo e, na hora da decisão, não ter o que oferecer aos investidores. Aquilo significaria a mais completa desmoralização. Quem chamou a atenção para esse problema e alertou para a gravidade de suas consequências foi o profissional que, dentro da Bovespa, mais estava habituado a medir o pulso do mercado e prever as reações dos corretores – o então diretor de Relações Institucionais, José Roberto Mubarack:

– Perto da reta final, percebemos que, no ritmo em que as decisões vinham sendo tomadas, não haveria o número mínimo de ações necessário para garantir o sucesso da operação. E, sem ações para vender, adeus, IPO. Conclusão óbvia: o justo era que todos dessem sua contribuição para a IPO e vendessem pelo menos 25% de suas ações.

Preocupado, Mubarack levou o problema ao conhecimento de Mifano. Na conversa que tiveram, concluíram que só havia um caminho a seguir: pôr a mão na massa. Novamente, a sala de reuniões da Superintendência-Geral, no

10º andar da instituição, foi convertida em mesa de operações. Em torno dela sentou-se, dessa vez, o primeiro escalão da Bovespa. O grupo era formado por Raymundo Magliano Filho, Gilberto Mifano, Hélcio Fajardo Henriques, o próprio Mubarack e outros diretores que se revezavam na tarefa de convencer os antigos associados da Bovespa a vender parte de sua participação na companhia pelo preço que viesse a ser definido para o lançamento. Acompanhados por um batalhão de secretárias, advogados e outros assessores, eles passaram três dias envolvidos naquele trabalho. O expediente começava logo pela manhã e se estendia até as oito, nove horas da noite.

Era preciso telefonar, explicar a situação e convencer quem estivesse do outro lado da linha a se desfazer de parte de seus papéis. Muitas vezes, foi preciso mais de uma ligação para um mesmo interlocutor e houve quem resistisse até o final. Nos casos em que se chegava a um acordo, os profissionais do departamento jurídico, ali mesmo, preparavam a documentação que era despachada sem demora para o recolhimento das assinaturas. Na volta, os detalhes de cada documento eram conferidos mais uma vez. Ao final dos três dias de trabalho e de mais de 300 telefonemas disparados, conforme os cálculos de Mubarack, o grupo havia conseguido reunir autorizações suficientes para oferecer aos investidores 40% dos papéis da companhia. Não seria por falta de ações que a IPO fracassaria.

A quantidade de ações oferecidas ao mercado era um dos números mais aguardados pelos interessados naquela IPO – só despertava menos interesse do que o preço de venda dos papéis no ato do lançamento. Esse era outro ponto crítico. Mais de uma vez, nas intermináveis discussões em torno do assunto, alguém citou a imagem da barraca de sanduíches no interior de um clube de lazer – que tanto poderia ser o Pinheiros, em São Paulo, o Fluminense, no Rio de Janeiro, ou o Minas Tênis, em Belo Horizonte. A renda dessa barraca seria toda destinada aos sócios do clube – que antes, no entanto, deveriam definir o preço do sanduíche. Se eles cobrassem um valor muito elevado, esperando ganhar muito dinheiro, espantariam os clientes e não venderiam sanduíche nenhum. Se, ao contrário, pedissem um valor muito baixo, venderiam muitos sanduíches. Mas, da mesma maneira, não ganhariam dinheiro. O ideal seria chegar a um preço que não espantasse a freguesia e, ao mesmo tempo, garantisse aos sócios uma boa remuneração. Em teoria, é perfeito. O difícil é estabelecer o valor para uma companhia que faz sua estreia em bolsa e, mais do que isso, não tem a seu lado nenhuma base de comparação direta.

Nessa hora, valeu a experiência internacional do Goldman Sachs e do Crédit Suisse – bem como todos os dados reunidos pela equipe de apoio à IPO da Bovespa, liderada por Charles Mann de Toledo, que se baseou em dezenas de IPOs ocorridos ao redor do mundo em anos anteriores. Por comparação com outras experiências, pela avaliação da situação patrimonial e do potencial da Bovespa, pelo prestígio que a economia brasileira vinha adquirindo desde a estabilização da moeda e por uma série de outros detalhes, essa equipe chegou inicialmente ao preço mínimo de R$ 14,50 que, depois, com a melhora do mercado, foi modificado para uma faixa entre R$ 15,50 e R$ 18,50. Dependendo do desempenho no *road show* e da situação do mercado no justo momento do fechamento da oferta, o valor final poderia variar de uma ponta a outra dessa banda – ou até ir além – só não poderia ser menor do que os R$14,50 acordados e formalizados com todos os sócios.

Seja como for, as informações relativas ao preço alvo da oferta deveriam constar daquele que seria o documento oficial da operação, o Prospecto Definitivo. Cabe aqui uma explicação. Quem se deixar enganar pelos sentidos mais comuns que os dicionários atribuem à palavra "prospecto" pode imaginar que o documento não passasse de uma "folha de papel impressa com propaganda ou divulgação de alguma ideia" ou, ainda, do "resumo do plano de uma obra". Nada disso. O prospecto da IPO é uma publicação que nada tem de resumido. No caso da Bovespa Holding, tratava-se de uma encadernação com 581 páginas, com a visão mais minuciosa possível de toda a companhia. Aquele, a bem da verdade, seria o único documento com a chancela da Bovespa Holding que poderia ser levado ao conhecimento dos investidores até que a IPO estivesse concluída. Seria por meio dele, e apenas dele, que a Bovespa se comunicaria com o mercado nas semanas seguintes.

O texto do prospecto, escrito a dezenas de mãos, é um desses documentos redigidos numa linguagem praticamente incompreensível para pessoas que não estejam familiarizadas com processos de IPO e outras operações do gênero. Se o estilo, em muitos casos, deixa a desejar pela verborragia, a densidade de informações oferece ao leitor um panorama detalhado sobre a empresa que tem suas ações postas à venda pela primeira vez. Nada pode ficar de fora. Nada mesmo. Redigido pela equipe do advogado Paulo Aragão com base em informações fornecidas pelos executivos do Goldman Sachs, do Crédit Suisse e da própria bolsa, o prospecto diz tudo o que o investidor precisa e até o que não precisa saber sobre a vida da companhia.

Na versão em português do prospecto, está registrado à página 174, por exemplo, que, até o dia 30 de junho de 2007, a Bovespa figurava como parte em nada menos do que 96 ações cíveis. Em 20 delas, aparecia como autora. Nas restantes 76, era a ré. A página 371, que integra um capítulo com o nome enigmático de "Informações recomendáveis, mas não obrigatórias", está repleta de frases que mais parecem ter saído do repertório do Conselheiro Acácio, o personagem de Eça de Queiroz famoso por gastar dezenas de palavras para não dizer absolutamente nada. "Não temos acionista controlador", é informado em determinado momento. Mas "caso venhamos a ter, poderemos sofrer alterações repentinas e inesperadas das nossas políticas e estratégias corporativas...". Parece óbvio, e por isso mesmo desnecessário, mas todo o mundo que lida com esse tipo de operação tem na ponta da língua uma explicação para a presença dessas frases num prospecto:

– Tem que ser assim.

Junto com as informações que "têm que ser assim", estão cópias de todos os demonstrativos financeiros, atas, formulários, perfis dos administradores e tudo o mais que possa ser indagado por qualquer investidor. Existe até um capítulo inteiro destinado a informar, exclusivamente, sobre os riscos que o investidor corre ao comprar aquelas ações. O prospecto é, numa imagem que já se tornou comum no mercado, como uma bula de remédio. Mas, afinal de contas, por que é assim? Mais uma vez:

– Porque tem que ser assim.

Na verdade, a obrigatoriedade de nomear todo e qualquer risco no prospecto decorre da necessidade de o vendedor não vir a ser acusado, mais tarde, de ter induzido o investidor em erro porque sonegou informações sobre os possíveis riscos do negócio.

Quando todas as informações são reunidas, conferidas, corrigidas e conferidas outra vez, o prospecto é encaminhado à CVM. Depois de analisar a papelada e dizer que está tudo de acordo com os procedimentos aceitos no mercado, o documento é registrado e tem início a parte, chamemos assim, mais emocionante de toda essa história: o *road show*.

Imagine-se no meio de um processo que se propõe a demolir uma estrutura centenária e, no lugar dela, erguer uma empresa que, mesmo sendo completamente nova, herde toda a experiência e todas as virtudes da organização posta abaixo. Parece impossível, mas tinha que ser dessa maneira. E, para que isso acontecesse, era preciso remover alguns obstáculos que pareciam sólidos e ainda torcer para algumas situações completamente fora do controle da direção da casa não atrapalharem o andamento dos trabalhos. Um dos pontos mais delicados, como já se viu, era a exigência de silêncio em torno da operação. O artigo 48 da Instrução 400 da CVM diz com todas as letras que ninguém pode fazer qualquer tipo de declaração em nome da empresa envolvida numa IPO enquanto durar o processo. "Ninguém", nesse caso, significava: nem os executivos da casa e nem os cento e poucos sócios que a instituição tinha naquele momento.

Caso essa recomendação não fosse obedecida, a Comissão podia interromper o processo e impedir a oferta de ações ao mercado. Mesmo uma punição mais branda – colocar a IPO da empresa no fim da fila da CVM – seria muito prejudicial. O problema é que, quanto mais se aproximava a data prevista para o *road show*, mais aumentava a quantidade de assuntos delicados que a imprensa adoraria saber e que alguém poderia acabar revelando:

– Imagine o receio de que algum dos sócios abrisse a boca e fizesse todo o processo retroceder ao ponto de partida. O que seria preciso fazer para que eles se mantivessem calados?

Essa pergunta, feita pelo executivo José Olympio Pereira, do Crédit Suisse, caberia perfeitamente na boca do advogado Paulo Aragão, na do superintendente Gilberto Mifano, na do presidente Raymundo Magliano Filho, nas dos executivos Rodrigo Mello e Daniel Weinstein, na do pessoal do Goldman Sachs ou de qualquer outro envolvido no processo. Nesse caso, todos sabiam a resposta: tudo o que poderia ser feito (ou seja, esclarecer os acionistas para os riscos daquela atitude) já tinha sido providenciado. Outra pergunta frequente era: o que uma pessoa interessada em atrapalhar faria para impedir que o processo fosse adiante?

A resposta não tardou a aparecer. Dois dias antes de a CVM concluir a análise do prospecto e dar autorização para que o *road show* tivesse início, surgiu o primeiro dissabor. O investidor Naji Nahas, o sempiterno acusado de provocar um rombo multimilionário no mercado em 1989, pediu na Justiça, contra a Bolsa do Rio (ou o que sobrava dela) e contra a Bovespa, uma indenização de R$ 10 bilhões. O dinheiro serviria para cobrir alegados prejuízos que Nahas teria tido na época em que foi acusado de quebrar a Bolsa de Valores do Rio de Janeiro. Mesmo supondo que o pleito de Nahas tivesse algum mérito, mesmo que distante e injustamente dirigido à Bovespa, o montante pedido era um despropósito. Todos sabiam que não tinha o menor cabimento. Talvez esta tenha sido, de fato, a melhor maneira de demonstrar aos analistas e investidores que essa tentativa de atrapalhar a IPO não precisaria ser levada tão a sério.

Diante de tudo aquilo, não restou à Bovespa outra alternativa que não a de providenciar a inclusão da ação de Nahas no prospecto, constituir advogado para se defender na Justiça e tocar o barco adiante. Assim como o *show*, o processo da IPO tinha de seguir adiante.

Tinha mesmo. Apesar de começarem a surgir no mercado, nos dias que antecederam a largada do *road show*, as primeiras nuvens a indicar mudança no ânimo dos investidores em todo o mundo, a IPO tinha que prosseguir. A fonte de preocupação tinha um desses nomes que, de uma hora para outra, passam a fazer parte da vida das pessoas sem que ninguém saiba exatamente o que significa: *subprime*. Na verdade, o que acontecia nos Estados Unidos é que bancos e outras instituições financeiras tinham concedido bilhões de dólares em empréstimos a pessoas que não dispunham de garantias reais. Quando essas pessoas se viam em dificuldades para pagar, os bancos as chamavam e ofereciam mais crédito, já que os imóveis, no mercado americano, se valorizavam constantemente. Com isso, era quitada a operação anterior e se equilibravam as finanças do tomador do dinheiro até ele não conseguir pagar de novo. Vinha mais uma renegociação e mais um empréstimo até que aquele cliente não conseguisse mais continuar pedalando e caísse da bicicleta. E, quando o preço dos imóveis parou de subir, depois da primeira queda, todos os que vinham atrás também iam ao chão...

Os primeiros sintomas da crise começaram a se alastrar. Em junho, o banco de investimentos Bear Stearns informava a seus investidores que ele não conseguiria resgatar o dinheiro aplicado em fundos de alto risco. E o presidente do Federal Reserve, o Banco Central dos Estados Unidos, Ben Bernanke, previa que a crise poderia provocar um rombo de US$ 100 bilhões no sistema financeiro da maior economia do mundo. Aqueles sinais fizeram acender o sinal amarelo na Bovespa e deixaram Mifano preocupado:

– Será que vamos morrer na praia?

Naquele momento, houve uma série de discussões acaloradas sobre o melhor caminho a seguir e as opiniões se dividiram. Um grupo achava mais prudente puxar o freio de mão. O outro entendia que o melhor a fazer seria pisar no acelerador, fazer tudo para aproveitar aquela oportunidade, que não repetiria tão cedo. Mifano defendeu que o trabalho prosseguisse – mas essa não era, no final de contas, uma decisão que competia a ele. Apenas os donos do negócio poderiam dizer se o projeto iria adiante ou ficaria no ponto em que se encontrava – para ser retomado dentro de um, dois ou dez anos. Uma assembleia dos acionistas foi convocada. A maioria votou pela continuação. A avaliação de Mifano não deixa dúvida sobre o risco que aquela decisão envolvia:

– O momento não era bom. Mas do mesmo jeito que não estava bom, poderia piorar dali a pouco ou então melhorar. De qualquer forma, precisávamos estar prontos.

É lógico que os responsáveis pela operação não esperaram que o Cartório de Títulos e Documentos registrasse a papelada nem que os antigos associados e agora acionistas da bolsa dessem autorização para seguir adiante com o trabalho. Qualquer interrupção poderia comprometer o andamento da operação. Era mais ou menos como um carro na linha de montagem. Existe um chassi que anda sobre um trilho e, em cada etapa, recebe um conjunto de peças que já chega pronto de algum lugar. O conjunto de suspensão, o motor, a carroceria, os bancos... até que, no final, aquele conjunto de peças que não faz o menor sentido ganha a aparência de um carro. E surpreende até mesmo as pessoas mais envolvidas no processo, como o diretor financeiro Francisco Gomes:

– É incrível como dá certo no final. Houve momentos em que achei que aquele caos inteiro não ia dar em nada, que não ia fechar. Mas, deu certo.

Reunidos todos os documentos naquele volume que viria a ser o prospecto da operação, era hora de colocar em prática o discurso de venda das ações. Com o prospecto na bagagem e um discurso de apresentação elaborado com todo o cuidado – com a ajuda dos bancos assessores e da equipe da casa –, um time da casa embarcou para uma etapa de ensaio para o *road show*. Faziam parte do grupo Gilberto Mifano, Francisco Gomes, o gerente do Projeto IPO, Charles Mann de Toledo, e mais alguns executivos do Goldman Sachs e do Crédit Suisse. Conhecida pelo nome de *pilot fishing* – numa tradução livre, "pescaria-piloto" –, essa etapa é uma oportunidade que os envolvidos no processo têm de testar seu discurso, responder a perguntas reais de investidores de carne e osso e de ter a noção do interesse que seu papel pode despertar entre os compradores.

A equipe seguiu para uma viagem aos Estados Unidos e à Europa no feriado de 7 de setembro de 2007, uma sexta-feira. A agenda, conforme aconteceria durante o *road show*, foi preparada pelos bancos assessores. Funciona mais ou menos assim: os bancos selecionam em sua carteira de clientes aqueles cujo perfil se mostra adequado para a compra de ações daquele tipo de companhia, e acerta uma reunião com a duração de, no máximo, 40 minutos. Esse é o tempo de que o vendedor dispõe para apresentar a empresa, expor seus números, detalhar seus planos de crescimento, fazer as projeções de resultados futuros, falar do mercado brasileiro, considerar os pontos positivos e os aspectos negativos da operação e responder a perguntas dos interlocutores.

A lógica é: quanto mais objetiva for a apresentação, menos tempo tomará. E quanto menos tempo tomar, mais sobrará para visitar um número maior de investidores em um único dia.

A viagem começou por Nova York. Ali, a equipe visitou investidores em Wall Street. Por alguns foi recebida com frieza, mas, por outros, com sinais claros de que as ações da Bovespa interessavam aos investidores. E teve a oportunidade de sentir-se segura com relação a um ponto fundamental para o sucesso do *road show*: a eficiência da equipe. Ali havia diferenças significativas. Para a equipe da Bovespa, aquele era – naturalmente – o primeiro contato com uma IPO. Já para os executivos dos bancos, tratava-se de um processo bastante conhecido.

Embora cada IPO tenha sua própria lógica, que varia de acordo com a empresa que está sendo vendida e a confiança que seu papel inspira entre os investidores, Ana Cabral, do Goldman Sachs, e Adriano Borges, do Crédit Suisse, tinham considerável experiência naquele tipo de operação. Depois de cada encontro, os dois se reuniam com os executivos da Bovespa e avaliavam seu desempenho naquela tentativa de vendas. Perguntavam, orientavam e comentavam a *performance* de cada um em itens que iam desde a tranquilidade demonstrada diante do investidor até a segurança na hora de expor os números. E desciam a detalhes, abordando aspectos como pontualidade, expressão, postura e vários outros pontos que, por insignificante que parecessem, podiam representar a diferença entre o sucesso e o fracasso do negócio. Com mais uma particularidade: no *pilot fishing*, os representantes dos bancos podem acompanhar todas as etapas da visita, mas nos *road shows* têm que permanecer na antessala enquanto os executivos da companhia fazem sozinhos sua apresentação.

Em Nova York, a equipe aproveitou o sábado e o domingo para repassar todos os pontos da apresentação, discutir os detalhes e submeter-se a simulações nas quais Ana Cabral e Adriano Borges faziam o papel do investidor. Na segunda-feira, começaram as visitas, e em pelo menos uma delas o time esbarrou no paredão da frieza dos investidores. Nessa hora, os representantes dos bancos tratavam de elevar o ânimo dos executivos e mostrar a eles a razão de tantos ensaios e preparações exaustivas. Na terça-feira, depois de nova peregrinação a Wall Street, o time embarcou para Boston, segunda etapa da viagem. Foi ainda numa Nova York sob chuva que surgiu o primeiro – e único – desentendimento mais sério daquela jornada.

Ana Cabral queria que a viagem fosse feita de avião e calculava alguns minutos de táxi até o aeroporto de La Guardia – de onde partem os voos regionais – e mais uns poucos minutos de voo até Boston. Adriano defendia que o percurso fosse feito de trem – mais ou menos duas horas de viagem. Nenhum quis abrir mão de seu ponto de vista e ninguém entendeu a razão que levou Adriano – normalmente muito cordato – a se mostrar tão intransigente. A viagem acabou sendo feita de trem e foi um horror: o trem atrasou, o grupo chegou a Boston tarde da noite e só no dia seguinte foi esclarecido o motivo daquele gesto: naquela terça-feira, 11 de setembro, celebrava-se o sexto aniversário da tragédia provocada pelos ataques terroristas às torres do World Trade Center. Adriano Borges havia prometido para a esposa, ainda no Brasil, que não andaria de avião naquele dia. E cumpriu a promessa.

A viagem prosseguiu. O objetivo era visitar 20 investidores – o máximo permitido pela regra da CVM – e recolher a reação de cada um deles, para que fosse depois estudada e analisada com cuidado. Em Boston, a equipe se viu diante de uma cena constrangedora. O interlocutor de um grande fundo de investimentos recebeu os brasileiros de pé. Pegou o prospecto, ouviu a apresentação com desinteresse, olhou os números por alto e decretou:

– Não é um bom negócio.

Disse aquilo, virou as costas e saiu – sem sequer se dar ao trabalho de apertar as mãos dos visitantes. Aquele foi um dos piores momentos da viagem. Outro ocorreu durante uma teleconferência com um investidor mexicano, que analisou os números e começou a criticá-los de forma áspera, até elevando o tom de voz. Foi quando Francisco Gomes não se conteve e começou a responder o que considerava um desaforo. Como bom jogador de pôquer, Gomes sabia que tem a hora de blefar, a hora de passar e a hora de mostrar as cartas com toda a agressividade. E ali estava uma daquelas horas.

Gomes mostrou seu jogo e os dois começaram, então, um bate-boca *on-line* que dava a impressão de que, se eles estivessem *tête-à-tête*, descambariam para o desforço físico. E o pior de tudo: aquele tipo de reação era, de certa forma até esperado pelos assessores. Aliás, era justamente esse o motivo do *pilot fishing*: preparar os executivos para tudo o que pode acontecer na hora da verdade. Para José Olympio Pereira, do Crédit Suisse, que já perdeu a conta de quantas operações desse tipo acompanhou ao longo da carreira, isso é até natural:

– Na hora da verdade, em que uma decisão tem que ser tomada, a coisa muda um pouco de figura. É aí que entra em cena tudo o que se aprendeu na etapa do *pilot fishing*.

5 | O tamanho da mala

GILBERTO MIFANO NASCEU na cidade do Cairo, no Egito, em 1949, e perdeu a mãe ainda criança. Criado pelos avós paternos, primeiro aprendeu a falar francês. Em seguida, também com os avós, aprendeu italiano, e aos 6 anos mudou-se para o Brasil com a família. Em São Paulo, naturalmente, foi alfabetizado em português. Fluente em três idiomas, ele considerava modesto seu domínio do inglês antes de liderar um negócio de US$ 3,7 bilhões de dólares em que este é o idioma oficial. Mas, depois de todas as reuniões com investidores durante o *pilot fishing* e o *road show*, sempre conduzidas em inglês, Mifano constatou que o seu inglês era mais do suficiente:

– Eles tinham todo interesse em entender o que estávamos falando e isso, claro, facilitou a comunicação.

Facilitou mesmo. Mas o que contribuiu, e muito, para azeitar o diálogo, foi a maneira como o pessoal da casa se preparou para a venda das ações da Bovespa. Em teoria, todos da bolsa já sabiam que a IPO é um processo puxado e que o cumprimento integral da agenda internacional requer muita disposição, paciência e agilidade. Nos meses anteriores à oferta de ações da companhia, uma série de IPOs havia sido realizada na bolsa e, com freqüência, o executivos que participavam dessas operações se reuniam com Mifano assim que voltavam ao Brasil:

– Eu via como eles chegavam eufóricos, cansados e obstinados dessas rodadas de negociações no exterior. Mas não podia imaginar a intensidade do processo. Não dá para dimensionar o evento sem participar dele.

Todo o mundo no mercado sabe que a cúpula de uma empresa que passa por uma IPO costuma concentrar todas as energias nela e, por isso, há companhias que reduzem suas atividades nesse período para não perder a concentração. Aquilo não desperta maior curiosidade do mercado e, ainda que despertasse, ficaria por isso mesmo: a empresa estaria, digamos assim, protegida pela cortina de fumaça lançada pelo *quiet period*. Agora, imagine a seguinte situação: os dias que antecederam a IPO da empresa onde se negociam as ações de todas as outras companhias foram os mais agitados de toda a história do mercado acionário brasileiro. Recordes sucessivos de volume e número de operações foram batidos e todos só falavam em ações. Nesse cenário, qualquer redução no ritmo de atividade da Bovespa seria, em primeiro lugar, percebida por todas as empresas e todos os investidores do país e do mundo. Em segundo lugar, seria um sinal negativo para o mercado, justamente no momento em que a bolsa mais precisava mostrar força e energia.

Antes de atravessar três continentes e conversar com quase 500 representantes de fundos de investimento em apenas quinze dias, os executivos da Bovespa que viveram aquela experiência foram submetidos a treinamento intensivo e repetitivo. Foi nesse momento que se definiram os dois grupos de visitadores, que sempre contariam com o apoio de profissionais do Goldman Sachs e do Crédit Suisse. Os Verdes seriam Gilberto Mifano, Francisco Gomes e Carlos Alberto Aragon Planas. Já o Time Amarelo foi composto por Charles Mann de Toledo, Cristiana Pereira e o analista de Relações com Investidores, Claudio Jacob.

A necessidade de melhorar e tornar a comunicação mais objetiva foi percebida pelos próprios executivos da casa durante o *pilot fishing*. Os profissionais do Goldman Sachs e do Crédit Suisse trabalharam pesado para corrigir as falhas, afinar o discurso e expurgar das apresentações tudo o que fosse acessório. Cada encontro com um investidor não pode exceder 45 minutos, em hipótese alguma. Menos do que isso, entendem os especialistas, é insuficiente para passar o recado e esclarecer as dúvidas que normalmente surgem. Mais do que isso é desperdício de tempo. Tudo era cronometrado. Para os mais objetivos, como Charles Mann de Toledo, fazer a apresentação caber nesse período de tempo não chegava a ser problema – não se podia dizer o mesmo de Cristiana Pereira, Francisco Gomes e do próprio Mifano.

Uma tecla pressionada com insistência por Verdes e Amarelos era a da credibilidade que os profissionais devem passar durante as apresentações. Não basta apenas ter todos os números do balanço e as projeções na ponta da língua. É preciso mostrar que se conhece a fundo o significado de cada um deles. Mifano, Gomes e os demais foram alunos aplicados. Conhecedores do mercado, sabiam muito bem que não poderiam se desviar um milímetro do que estava escrito no prospecto; e que teriam de se referir ao documento como se fossem os autores de cada uma de suas palavras. E precisavam ainda, segundo Mifano, traçar um cenário realista e estar constantemente prontos para responder da forma mais convincente possível a qualquer pergunta que fosse feita à queima-roupa:

– Tínhamos a preocupação de depois entregar tudo o que tivéssemos prometido. Nesse mercado, se alguém não cumpre o que promete, está morto.

Mais do que isso, também era preciso estar atento a cada reação do investidor – e tentar adivinhar, ao responder a uma pergunta, onde é que o outro pretendia chegar. Ou, conforme insistia o executivo Fábio Mourão, do Crédit Suisse, tentar sempre entender a verdadeira pergunta que existia por trás da pergunta feita. Algo parecido com aquelas provas orais que matavam de medo os estudantes das faculdades de antigamente. Nesse tipo de reunião, o investidor tem o direito de ser enigmático, mas o representante da companhia que oferece suas ações ao mercado tem a obrigação de ser claro.

Ao mesmo tempo que tudo isso acontecia, os advogados e o pessoal dos bancos davam os retoques finais nos documentos da IPO. Depois de submeter à CVM todas as 581 páginas do prospecto em português e providenciar a tradução para o inglês, chegara a hora de mandar imprimir e encadernar os documentos. Foi nesse momento que Mifano precisou usar boa dose de diplomacia e demonstrar autoridade para resolver um problema que não estava no roteiro. E, mais uma vez, por um detalhe que parecia pequeno demais para produzir tanta confusão.

Nas operações que têm mais de um banco coordenador (ou mais de um *bookrunner*, na palavra em inglês utilizada para designar essa figura), o mercado considera que o papel principal cabe ao primeiro nome citado – ou seja, aquele que aparece acima ou à esquerda dos demais. Os representantes do Goldman Sachs entenderam que essa posição era sua por direito. Afinal, o banco havia participado da operação desde os momentos iniciais da desmutualização. Só que o pessoal do Crédit Suisse não concordava com isso. E entendia que, a partir do momento em que passou a participar do time, seu papel vinha sendo mais destacado que o do outro *bookrunner*. Mifano pôs um ponto final na discussão e decidiu que a posição caberia, sim, ao Goldman. Discussão semelhante ocorreu também com os demais bancos convidados a participar do esforço de vendas.

Outro ponto de discordância se deu na montagem da agenda de visitas do *road show*. Em condições normais, funciona assim: o banco informa a seus clientes os detalhes da IPO e acerta um horário para uma visita, que será feita pelos executivos da empresa lançadora das ações. No caso da venda das ações da Bovespa, cada banco queria preencher o tempo que as equipes teriam em cada cidade com a maior quantidade possível de nomes de sua carteira – nem que, para isso, o outro tivesse que desmarcar com algum cliente. Nesse aspecto, Mifano também fez valer sua autoridade e decidiu quem seria visitado pela Equipe Verde, quem seria visitado pela Equipe Amarela e quem ficaria de fora:

– A competição entre eles era intensa, mas compreensível. Cada um queria mostrar mais serviço do que o outro. No fundo, apesar do desgaste do momento, isso foi até benéfico para a operação.

A solução para esse novo impasse (que, ao contrário da posição do nome na capa do prospecto, que parecia ser pura vaidade, era movida por interesses legítimos) baseou-se no bom senso. O Goldman Sachs se responsabilizaria pela maioria das visitas em sua terra natal, os Estados Unidos, onde atende aos principais clientes do mercado. O Crédit Suisse coordenaria as agendas na Europa – onde é mais forte. Além da agenda, os bancos também se responsabilizavam pela logística da operação, reservas de hotéis, passagens de avião, fretamento de automóveis e até de jatinhos. A partir desse momento, os *bookrunners* assumiram a chefia executiva da missão – e o pessoal da casa passou a ser tratado como aqueles artistas em turnê internacional: quando chegam, já encontram tudo armado, sobem no palco, fazem seu trabalho e partem para a apresentação seguinte.

E os cuidados não se prendem apenas à apresentação – mas se aplicam a garantir a tranquilidade de toda a viagem. Os hotéis são escolhidos de acordo com dois critérios. O primeira é a localização, que deve facilitar não apenas as visitas aos clientes, mas também o acesso mais rápido possível ao aeroporto. O segundo é a qualidade: em meio a uma viagem maluca como costumam ser as excursões de IPO, tudo o que não pode acontecer é uma noite maldormida numa cama desconfortável. A bagagem, como já foi dito – veja só a que ponto chegam as orientações – também deve ser arrumada com cuidado numa mala que possa ser transportada na cabine do avião:

– Foi difícil embarcar para uma viagem de duas semanas com uma mala menor do que a gente leva para uma viagem de uma semana. Mas nos disseram que ninguém teria tempo a perder esperando pela mala diante de uma esteira – recorda Cristiana Pereira.

Participar daquela IPO foi, para ela, um momento especial na carreira que havia começado 12 anos antes, na própria Bovespa. Economista formada pela Unicamp, com mestrado pela Fundação Getúlio Vargas, Cristina foi contratada como analista *trainee* em 1995. Ficou no emprego até meados de 2002 – quando foi para os Estados Unidos cursar o MBA na prestigiada Harvard Business School. Ao obter o título, ficou nos Estados Unidos mais alguns meses, trabalhando na Foundation for Enterprise Development, uma espécie de ONG que tem a finalidade de prestar consultoria a países beneficiados por recursos de organismos multilaterais. Naquele momento, o Brasil ainda não havia entrado na alça de mira dos grandes investidores americanos – que só pensavam em contratar estrangeiros que falassem mandarim e facilitassem seu acesso ao mercado chinês. Quando ela e o marido resolveram voltar para o Brasil, em 2005, o primeiro convite de trabalho que recebeu foi da própria bolsa.

Seja como for, na medida em que se aproximava a data marcada para o início do *road show*, mais aumentava a ansiedade entre os executivos que participariam do processo. Uma semana antes do início da epopeia, no dia 3 de outubro, Gilberto Mifano, Francisco Gomes e Cristiana Pereira embarcaram às 9h30min da noite num avião da American Airlines e foram para Nova York falar da operação com as equipes de vendas dos dois *bookrunners*. Os três executivos, acompanhados por representantes do Goldman Sachs e do Crédit Suisse, saíram de São Paulo à noite, desembarcaram pela manhã no aeroporto JFK e se hospedaram no hotel Ritz Carlton Battery Park, a poucos metros de Wall Street. Descansaram alguns minutos, tomaram banho, trocaram de roupa e foram para a primeira reunião, que se estendeu até o almoço, na sede do Goldman Sachs. Ali, se encontraram com um grupo de 40 vendedores do banco. Os executivos apresentaram a Bovespa, falaram sobre detalhes da oferta de ações e responderam a todas as perguntas.

– Aquele foi um bom treino – considera Cristiana. – Muitas das perguntas que foram feitas ali seriam repetidas mais tarde pelos investidores.

Na sequência, foram para a reunião com os vendedores do Crédit Suisse. Repetiram o mesmo discurso, desfiaram os mesmos argumentos e responderam a perguntas que, em muitos casos, eram idênticas às ouvidas na parte da manhã. Antes das oito da noite, Mifano e Gomes já estavam dentro do jato da TAM que os levaria de volta ao Brasil. Cristiana embarcaria um pouco mais tarde. Foi uma espécie de ensaio final para o que viria adiante. Quando o *road show* começasse para valer, o ritmo se aceleraria mais ainda e o discurso seria repetido não apenas duas, mas até dez vezes em um mesmo dia.

Àquela altura, já havia muito pouco que fazer – a não ser esperar pelo desfecho. Se a IPO desse certo, todos sairiam lucrando: os acionistas originais receberiam uma soma considerável em dinheiro, os novos acionistas colocariam as mãos em papéis da maior bolsa de valores de um dos mercados mais promissores do mundo e os executivos que conduziram o processo ganhariam prestígio por terem realizado bem uma operação que, como já foi dito, mudaria para sempre a face do mercado mobiliário brasileiro. Dali a poucos dias, o mercado saberia se a Bovespa, de fato, havia deixado de ser um clube para se tornar uma empresa aberta de capital pulverizado ou se a mudança não ficaria apenas na desmutualização. Esse era um ponto preocupante.

O processo funciona da seguinte maneira: os representantes da empresa vendedora se reúnem com os investidores que, naturalmente, não podem garantir na mesma hora se comprarão ou não as ações. Depois do encontro e de ouvir a exposição, eles estudam o prospecto, comparam o negócio com outras alternativas à sua disposição, fazem seus cálculos e então informam por e-mail aos *bookrunners* se pretendem participar do negócio e em que condições. Dizem com quantas ações pretendem ficar e quanto estão dispostos a pagar por elas, dentro da faixa de preço estabelecida pelo vendedor, que – também não custa repetir – no caso da Bovespa variava de R$ 15,50 a R$ 18,50. Ou seja: põem seus nomes no "Livro".

Terça-feira, 9 de outubro de 2007. Naquela noite, os dois grupos de executivos da Bovespa embarcariam para a Europa e iniciariam por Londres sua peregrinação pelos escritórios dos investidores. As horas que antecedem viagens como essas costumam ser gastas com o acerto de detalhes de última hora: é preciso deixar tudo em ordem para uma ausência tão prolongada. Mas, naquele caso específico, a situação seria mais uma vez diferente.

Na segunda-feira, 8 de outubro, os times Verde e Amarelo passaram o dia expondo a Bovespa em seus mínimos detalhes para os investidores brasileiros em salas de reuniões do Hotel Renaissance, nas proximidades da Avenida Paulista, em São Paulo. O embarque para a rodada internacional de apresentações estava marcada para o dia seguinte, mas, então, as equipes já estavam divididas. Os Verdes foram para o Rio de Janeiro, onde ficam as sedes dos maiores fundos de pensão do Brasil, e passaram a manhã em conversa com os investidores locais. Dali, seguiriam à tarde para Paris, onde fariam conexão para Londres. Os Amarelos permaneceram em São Paulo. Os voos das duas equipes estavam marcados mais ou menos para o mesmo horário: o Time Amarelo sairia de São Paulo às 16h20min num voo da British Airways que o deixaria diretamente no aeroporto de Heathrow, em Londres, na manhã seguinte.

Passava do meio-dia e as pessoas que estavam no Renaissance, em São Paulo, começaram a notar que, naquele ritmo, acabariam perdendo o avião. Principalmente depois que alguns investidores insistiram em mudar o foco da reunião e, em vez de discutir detalhes relacionados com a oferta de ações, passaram a se queixar do relacionamento da Bovespa com o mercado. Problemas cotidianos que poderiam perfeitamente ser discutidos em outra ocasião. E o relógio correndo, para aflição de Cristiana:

– Era como se, no *road show* de uma empresa de cosméticos, da Natura, por exemplo, aparecesse alguém para dizer que não havia gostado da qualidade do xampu que havia usado na véspera.

Às duas e meia da tarde, horário em que deveriam estar se apresentando para o *check-in* no aeroporto, Charles, Cristiana e Cláudio Jacob ainda atendiam ao último investidor no Renaissance. Só havia um jeito: pedir que providenciassem um meio de transporte mais rápido, que os livrasse do trânsito carregado e os deixasse no aeroporto em poucos minutos. Antes de subirem para o heliponto do hotel, onde os aguardava o helicóptero que os levaria até Cumbica, Cristiana e Cláudio apanharam suas bagagens – maletas com tamanho suficiente para serem acomodadas na cabine de passageiros do avião, conforme o pessoal dos bancos havia recomendado com insistência. Mas Charles apareceu com uma mala enorme, dessas que as pessoas levam para uma viagem de muitos dias:

– Todo bom roteiro permite uma adaptação – diz ele. – A viagem era longa demais e não seria o tamanho da minha mala que prejudicaria a IPO.

6 | É um Rolex?

QUEM REPARA APENAS nas facilidades postas à frente dos executivos envolvidos em uma IPO de grande porte tem a impressão de estar diante de um grupo de milionários em viagens de férias. É um tal de helicóptero para cá, passagem de primeira classe para lá, hotel de cinco ou mais estrelas nas cidades mais importantes, jato executivo, limusine com motorista à disposição o tempo inteiro... Parece uma maravilha, um luxo. Mas, se observarmos a agenda dos Verdes em seu primeiro dia em Londres, uma das principais artérias financeiras da Europa, essa impressão se desvanece rapidamente.

Acompanhados por Daniel Abdo, do Goldman Sachs, e Carolina Menezes, do Crédit Suisse, Mifano, Gomes e Aragon decolaram às 16h30min da terça-feira, 9 de outubro, do Aeroporto do Galeão, em um jato da Air France que os levou direto ao Aeroporto Charles De Gaulle, em Paris. Em solo, tiveram tempo suficiente para se localizar no emaranhado de terminais de um dos aeroportos mais movimentados da Europa e se apresentar para o voo da ponte aérea que partiria às 9h30min da manhã em direção a Londres. Dois motoristas, de nomes Mervyn e Geoff, estavam à espera do grupo, que desembarcou em Heathrow por volta das 9h30min (Não, não está errado. Depois de uma hora de viagem, eles chegaram a Londres no mesmo horário em que saíram de Paris. Uma das exigências impostas à equipe foi a de se adaptar a dois ou três fusos horários em um único dia). Dali seguiriam para o hotel The International Park Lane, nas imediações do Hyde Park, onde os aguardava mais um integrante do time, o executivo Bruce Urbanek, do Goldman Sachs.

Depois de breves minutos para tomar banho e trocar de roupa, eles repassariam as anotações e partiriam para a primeira reunião com o primeiro investidor, o Schroder Investment Management, às 12h30min. Ao longo daquele dia, ainda se encontrariam com mais sete investidores. Ou seja: em situações como aquela, se não tivessem asseguradas condições adequadas de deslocamento e hospedagem, o grupo não teria a mínima condição física de cumprir a agenda dos dias seguintes – que seria ainda mais pesada do que essa.

Aí convém uma explicação do mecanismo de reuniões para que não haja dúvida em relação a um ponto essencial: como é possível acomodar tantos investidores em tão pouco tempo – tendo, ainda, de se deslocar de um escritório para outro? Quando selecionam os clientes que ouvirão a exposição e os argumentos de venda dos executivos que oferecem as ações, o *bookrunner* os divide conforme alguns critérios. Com clientes de maior porte e que tenham o hábito de investir em companhias semelhantes àquela que faz a IPO, são marcadas reuniões individuais, chamadas *one-on-one*. A maioria dos investidores com os quais os executivos da Bovespa tiveram reuniões *one-on-one* investiam em ações de outras bolsas que abriram capital em anos anteriores.

Se o cliente é grande, mas não tem tradição de investir naquele ramo específico de atividade – ou se tem muito interesse, mas dispõe de poder de fogo mais limitado – são marcadas reuniões ainda reservadas, chamadas *two-on-one*. Nesse caso, dois clientes ouvem a mesma exposição. Se uma apresentação é feita para uma turma de três a cinco clientes (ainda agrupados de acordo com critérios de porte ou afinidade com área), ela é chamada de *small group*. Os grupos maiores, que reúnem investidores que demonstram interesse pela proposta mas não têm porte nem tradição naquela área específica, ou, ainda, que não dispõem de horário na agenda para uma reunião mais reservada, são acomodados no café da manhã, no almoço ou, em último caso, em um coquetel ou jantar no fim do dia.

Pois bem: logo no segundo dia de sua agenda europeia, às oito da manhã, o Grupo Verde tomou o café da manhã no Browns Hotel (que, apenas para registro, não era o mesmo onde estava hospedado) com 26 investidores. Dali, seguiu para uma reunião *two-on-one*, às 9h30min, enfrentou um encontro *one-on-one* às 11h e às 12h30 estava no Haberdashers' Hall para uma reunião-almoço com um grupo de 24 investidores. E mais apresentações no período da tarde. Em cada uma delas, a cena era mais ou menos a mesma: para formar sua decisão de compra, os investidores escutam os executivos e, depois, os bombardeiam com perguntas de todo o tipo – que vão desde os cruzamentos mais improváveis entre dados do balanço da companhia até as razões pelas quais se esperou aquele momento para lançar a oferta.

Isso sem falar, é claro, em questões e mais questões sobre a situação do Brasil, a qualidade do mercado brasileiro e das operações da Bovespa. De uma reunião para outra, o cenário é semelhante. Um processo repetitivo como esse com certeza torna-se enfadonho. Mas, visto por outro ângulo, tem suas vantagens. Com o tempo, as apresentações tornam-se automatizadas e até os gestos que produzem os efeitos mais positivos passam a ser repetidos. E mesmo as respostas às perguntas mais espinhosas saem com maior naturalidade e segurança. Aquela foi, talvez, a consequência mais positiva da agenda apertada, conforme Mifano:

– Conhecíamos dezenas de histórias de IPO e sabíamos que, se o expositor hesita em algum ponto ou, o que é pior, se comete a bobagem de dizer alguma mentira, acabou o negócio.

A rotina e, tanto quanto isso, a boa preparação feita no Brasil garantiu que nem os Verdes nem os Amarelos cometessem erros:

– Não havia chance de ouvirmos uma pergunta para a qual não estivéssemos preparados – considera Mifano.

Existe outro aspecto que não deve ser ignorado. Numa IPO, o investidor está com a faca, o queijo e a goiabada nas mãos. A decisão de tornar-se acionista de uma empresa que pela primeira vez oferece seus papéis ao mercado nunca deve ser tomada de forma leviana – e é justamente por esse motivo que o vendedor é obrigado a traçar a imagem mais realista possível da companhia que representa. Todo o mundo sabe que o negócio segue esse padrão e, mais do que isso, concorda que o processo funcione dessa maneira. Como os representantes dos bancos assessores costumam dizer, uma IPO é sempre muito parecida com outra. Dito dessa maneira parece simples. Só que, na linha de frente, a situação não se mostra tão cartesiana – e nem todo o treinamento é suficiente para impedir que o coração bata mais forte, que o nervosismo aflore ou até que o sangue suba à cabeça.

O pessoal dos bancos havia traçado para as equipes da Bovespa um perfil detalhado dos investidores que encontrariam pela frente. De modo geral (e toda generalização é perigosa), os americanos foram apresentados como mais exigentes, duros e mal-educados. Eles são do tipo que costuma empurrar o vendedor contra a parede com perguntas nem sempre feitas em tom amigável. O europeu, por sua vez, é pintado com tonalidades mais amigáveis e gentis. Numa visão superficial, o perfil dos investidores, traçado pelos executivos dos bancos assessores, se confirmou no trajeto dos Verdes – que incluía quatro países, Inglaterra, Alemanha, Itália e Estados Unidos (neste caso, dezenas de cidades). Mas houve surpresas e até mudanças sensíveis de postura em relação ao ensaio feito algumas semanas antes, na etapa do *pilot fishing*.

Investidores que haviam se mostrado frios, desinteressados e mesmo rudes no primeiro momento, agora desdobravam-se para parecer simpáticos e receptivos. Alguns, depois de concluída a reunião, chegaram a enviar para os celulares de Mifano e de Francisco Gomes mensagens nas quais pediam que seus nomes não fossem esquecidos na hora da montagem do livro. Isso aconteceu mais de uma vez. E com alguns detalhes marcantes:

lembra-se daquele investidor de Boston que nem estendeu a mão para os executivos depois de desancar os números da Bovespa na fase do *pilot fishing*? Na hora da verdade, a situação mudou. À frente de um time de 30 analistas e vendedores que acompanharam com atenção cada palavra de Mifano, ele se desfez em elogios à empresa e deixou claro que não queria ficar de fora.

– Parecia que pretendia comprar sozinho todas as ações que tínhamos para vender – ironizou Francisco Gomes.

Lembra-se daquele outro investidor, o mexicano, que havia batido boca com Gomes durante uma videoconferência realizada apenas um mês antes? Foi outro que, na hora da verdade, também se mostrou extremamente cordato e até gentil. Brincou, fez comentários agradáveis e não tardou a mandar uma mensagem para um grupo de executivos que, no escritório do Crédit Suisse, em São Paulo, recebia as inscrições dos investidores interessados na IPO. O mexicano era outro que não queria ficar fora do "Livro".

Mas essa mudança de postura só seria percebida com clareza mais ou menos uma semana depois que a caravana da IPO já estava na estrada – num momento em que já havia no ar indícios suficientes de que a IPO seria bem-sucedida. Todos os dias, as equipes no exterior recebiam um relatório detalhado com os nomes dos clientes que haviam considerado a oferta de ações um bom negócio. Aqueles dados mostravam o seguinte: mesmo antes do início da etapa americana, quando seriam visitados os maiores, mais ágeis e agressivos investidores do mundo, as provas de que a IPO daria certo já estavam diante dos olhos de quem desejasse ver. Na sexta-feira, 12 de outubro, feriado no Brasil – quando ainda faltavam duas longas semanas até a data marcada para a IPO –, a Equipe Verde deu por encerrada sua jornada europeia. Apenas quatro dias depois de sair do Brasil, o grupo havia se encontrado, entre grandes e pequenas reuniões, com 72 investidores em Londres, Frankfurt e Milão. Naquela noite, quando os Verdes se reuniram para jantar no Ristorante Boccondivino, um dos mais prestigiados do principal centro financeiro da Itália, tinha o que comemorar: a equipe que cuidava do "Livro", informara do Brasil que já tinha em mãos propostas suficientes para vender todas as ações oferecidas:

– Se é assim, vamos voltar para casa – propôs Mifano.

Apesar da *blague*, era claro que o grupo já apresentava os primeiros sinais de fadiga. Na última reunião daquela tarde, Gomes teve sono enquanto ouvia Mifano fazer a apresentação pela undécima vez. Vencido pelo fuso horário (o meio-dia em Milão equivale às seis da manhã no horário de verão brasileiro), Gomes cochilou. Ou melhor, dormiu profundamente e acordou assustado:

– Quase dei um vexame – reconheceria mais tarde.

Abandonar um *road show* antes do final do primeiro tempo de jogo seria um vexame muito maior do que ser flagrado em pleno cochilo durante a apresentação para um investidor. Seria mais ou menos o mesmo que dar um tiro no próprio pé – e Mifano sabia disso. Mas a reação do superintendente-geral da Bovespa, ao expressar o desejo de voltar para casa era mais do que justificada: as propostas dos investidores não apenas já eram mais do que suficientes para vender todos os papéis oferecidos, mas – o que era ainda melhor –, eles aceitavam o preço máximo de R$ 18,50. Aquilo já bastaria para fechar a operação em valor pouco acima de US$ 2,9 bilhões – o que colocaria a IPO da Bovespa na primeira posição entre todos os lançamentos de ações feitos no país. Aquela situação, com certeza, deixaria satisfeitos os antigos acionistas da maior bolsa do país.

Até aí, tudo bem. Mas, apenas por hipótese, o que aconteceria com os investidores do maior mercado do mundo, os Estados Unidos, no instante em que soubessem que a Bovespa fizera uma IPO sem sequer se dar ao trabalho de ouvi-los? E pior: como reagiram no momento seguinte, quando as ações da Bovespa estivessem no mercado? Certamente perderiam o respeito pelo papel – e isso era algo que afetaria diretamente os interesses dos que acreditassem nas ações da empresa desde o primeiro instante. Uma decisão como aquela, em outras palavras, afetaria os interesses dos futuros acionistas da Bovespa, o que os responsáveis pela IPO de forma alguma poderiam permitir que acontecesse. Conclusão: num *road show*, é vital cumprir todo o roteiro cuidadosamente planejado e visitar todos os investidores que importam para a operação. Isso é muito importante para formar uma percepção consistente que se espalhe pelo mercado. Daí as várias exigências que se requerem das equipes – desempenho inadequado nessa hora compromete a empresa por muito tempo. E o esforço para recuperar o estrago é muitas vezes maior do que a energia necessária para fazer certo da primeira vez.

Enquanto o Time Verde, num encontro bem-humorado, fazia conjecturas em volta da mesa do Boccondivino, em Milão, os integrantes do Time Amarelo encontravam-se na sala de embarque do aeroporto de Zurique, no outro lado dos Alpes, prestes a tomar o avião que os levaria ao Oriente. No dia seguinte, Charles, Cristiana e Rafael Pereira, do Goldman Sachs, estariam em Cingapura, ao passo que Cláudio Jacob voltaria para o Brasil. Até aquele momento, tinham cumprido uma agenda de compromissos tão apertada quanto a dos Verdes – mas com uma diferença. Na quarta-feira, eles ficaram em Londres, onde participaram de cinco reuniões. Naquela mesma noite, embarcaram no aeroporto regional de Stansted, o mais central de Londres, em um jato executivo que os levaria à cidade escocesa de Edimburgo. Apenas para registro: o avião era, por coincidência, um Legacy, fabricado no Brasil pela Embraer.

Seriam três reuniões na capital Escócia: a primeira às 7h, a segunda às 8h e a terceira às 9h15min. Dali, retornariam ao aeroporto, embarcariam no mesmo jatinho e comeriam qualquer coisa durante o voo de uma hora e meia até Amsterdã, na Holanda. Mais três reuniões na cidade holandesa antes de retornar ao aeroporto e voar mais uma vez – agora em direção a Zurique. Ou seja, três países em menos de 24 horas. No dia seguinte, na Suíça, passariam o dia inteiro numa série de reuniões e à noite, depois de telefonar para o outro grupo e informar todos os detalhes sobre as visitas, finalmente tomariam o rumo de Cingapura. A etapa europeia estava no fim e, para os Amarelos, os sinais de que tudo caminhava para um desfecho muito favorável foram percebidos desde o primeiro encontro. E de uma forma que não poderia ser mais clara.

Desde a primeira fase de treinamento no Brasil, os *bookrunners* haviam revelado ao pessoal da Bovespa um dos sinais de interesse real pelas ações que costuma ser dado nos momentos finais de uma apresentação. Depois de os vendedores dizerem tudo o que têm para falar e responderem a todas as perguntas do outro lado, às vezes, o investidor pede a palavra e fala um pouco de si mesmo. Conforme a percepção do mercado, além de um traço de simpatia, essa é uma demonstração de interesse manifestado por aqueles que realmente desejam ser lembrados na hora do fechamento do "Livro". Não é muito frequente, mas acontece, diziam os executivos dos bancos na fase de preparação. Pois bem: logo ao final da primeira apresentação, feita para alguns executivos do Fidelity, um dos fundos de investimento mais assediados por empresas em fase de *road show* em todo o mundo, o executivo mais graduado do grupo pediu a palavra no final da apresentação:

– Deixe-me dizer umas palavrinhas a respeito do Fidelity...

É claro que não precisava. Todos os executivos no time sabiam o que era o Fidelity e o que representa no mercado global dos investimentos. Mas aquilo foi uma injeção de ânimo fundamental para o grupo se manter de pé no primeiro dia: em Londres, foram feitas seis reuniões, com intervalos curtíssimos entre uma e outra. Como não houve pausa para almoço, o pessoal resolveu usar o pouco tempo de que dispunha para tomar um café no meio da tarde. Entraram no primeiro *coffee shop* que encontraram e cada um pediu sua xícara de café. Só que, no final, ninguém tinha dinheiro para pagar a conta:

– Ninguém havia se lembrado de sacar dinheiro e o estabelecimento não aceitava cartão de crédito – recorda Cristiana Pereira.

Para um grupo de pessoas que estava em Londres com a missão de conduzir uma operação de alguns bilhões de dólares, não ter meia dúzia de pounds no bolso para pagar o cafezinho não deixava de ser uma situação engraçada. O problema é que o horário da reunião seguinte se aproximava e não havia tempo de procurar um caixa eletrônico para sacar dinheiro. Para sorte do pessoal, Dana, a motorista que a equipe do Crédit Suisse havia contratado para atender ao time em Londres, estava habituada àquele tipo de situação e se ofereceu para pagar a conta. Depois da última reunião – e de devolver o dinheiro que haviam tomado emprestado da motorista –, os Amarelos embarcaram no Legacy para Edimburgo.

O bom, em uma jornada como essa, é quando os imprevistos se resumem a detalhes menores, como a falta de alguns trocados no bolso na hora do cafezinho ou o relógio que Cristiana Pereira esqueceu sobre a mesa de uma das reuniões de que participou em Edimburgo, a capital da Escócia. Sem tempo de voltar para apanhá-lo, apelou mais uma vez para o motorista. Não podia, de forma alguma, ficar sem aquele relógio. Dependia dele para cronometrar suas apresentações. O motorista, preocupado, perguntou:

– É um Rolex?

– Não, é um Swatch.

Bob, o motorista, se espantou. E ficou sem entender o apego de Cristiana a um relógio que, em qualquer lugar da Europa, é visto como objeto descartável. Mesmo assim, voltou para apanhá-lo e retornou a tempo de levar o pessoal para o compromisso seguinte. Às 11h45min, a equipe deixou Edimburgo e seguiu para Amsterdã. Ali, fez as reuniões agendadas, voltou para o aeroporto e, no final da tarde, desembarcou em Zurique. Três países em um só dia.

Mesmo com a agenda carregada e a correria, existe um detalhe relativamente óbvio que é capaz de manter os vendedores em estado de alerta permanente: cada investidor é diferente do outro. Por terem objetivos estratégicos distintos, culturas variadas e por fazerem análises peculiares de um mesmo cenário, cada um deles reage de forma razoavelmente diferente às palavras que escutam numa apresentação. Qualquer pessoa que esteja se preparando para uma excursão de *road show* com passagens previstas por Edimburgo e Zurique ouvirá de seus assessores que os escoceses costumam ser mais bem-humorados e afáveis do que os suíços – normalmente taciturnos e pouco receptivos. Na realidade, porém, duas das experiências mais marcantes da primeira fase da viagem revelaram para os Amarelos uma situação oposta.

Um grande fundo de pensão escocês havia tentado, ainda antes da desmutualização, adquirir um título patrimonial da Bovespa – o que o faria participar da operação na condição de vendedor, não de comprador. Seria, sem dúvida nenhuma, uma grande jogada. Aquele fracasso, naturalmente, desagradou o investidor a ponto de os executivos escalados para ouvir a exposição da Bovespa terem assumido durante a reunião uma postura desinteressada, que beirou a falta de educação. No dia seguinte, o grupo se reuniu com executivos do Suisse Hadging, uma empresa cuja sede se assemelha à caixa-forte do Tio Patinhas dos gibis de antigamente. É um edifício feio e pesadão, feito de concreto de uma cor cinzenta que parecia prenunciar de uma recepção fria e desinteressada. Engano. Os suíços desdobraram-se em gentilezas. Sabiam tudo a respeito do Brasil, embora nunca tivessem investido um centavo em ações no país. Encaravam a IPO da Bovespa como a oportunidade de uma boa estreia e faziam questão de deixar isso evidente. A equipe, claro, reagiu bem àquela demonstração de interesse e fez, ali, na opinião de Charles Toledo, uma das melhores apresentações de toda a jornada:

– Ficamos felizes, porque, mais tarde, eles apresentaram uma proposta e fizeram sua estreia no Brasil por intermédio da Bovespa.

– Cristiana! Cristiana!

Ouvir o próprio nome ser gritado com entusiasmo no momento em que mal se colocou os pés em um lugar remoto como Cingapura, depois de um voo cansativo de mais de 13 horas, pode parecer estranho. Mas aquela era a terceira vez em menos de dois anos que Cristiana desembarcava naquele aeroporto e, em todas elas, foi atendida pelo mesmo motorista: Jason. A missão na Ásia seria breve: um domingo inteiro para descansar, uma segunda-feira de reuniões com seis investidores diferentes e, para não ter de viajar a Hong Kong, uma *conference call* com um grupo de investidores chineses antes de embarcar novamente para mais meia volta ao mundo.

Aí é que entra outro detalhe: por mais bem-planejadas que sejam essas viagens, quem participa de um *road show* precisa estar preparado para mudanças que podem acontecer a qualquer momento. Como ocorre com qualquer agenda, é comum que haja uma ou outra inversão de horário ou que se dê mais atenção a um interlocutor do que a outro. Sempre acontece de se perder agora o tempo que terá de ser recuperado mais adiante. Isso faz parte do jogo. Mas, às vezes, acontecem imprevistos curiosos. A viagem a Hong Kong foi cancelada porque, na última hora, surgiu um compromisso importante... do outro lado do mundo. No Canadá, um investidor grande o suficiente para merecer uma reunião *one-on-one,* manifestou interesse em ser recebido. Nesse caso, não custaria nada marcar outras reuniões na cidade de Toronto. Até aí, tudo bem. O problema é que o Canadá exige visto dos portadores de passaporte brasileiro – e, como o agendamento foi feito de última hora, ninguém no grupo havia se preparado para essa eventualidade.

A reunião teria sido cancelada – e perdida a oportunidade de ter aquele investidor entre os acionistas da Bovespa –, não fosse por um detalhe. Filho de pai brasileiro e mãe americana, Charles Toledo tem passaporte americano e, com ele, pode entrar e sair do Canadá como se estivesse indo de São Paulo para o Rio de Janeiro pela ponte aérea. Ele sairia por volta da meia-noite, horário de Cingapura, em um voo de mais de 15 horas em direção a Londres, onde pousaria por volta das sete da manhã, horário local. De lá, voaria mais algumas horas até Toronto, no Canadá. (A diferença de fuso horário entre Cingapura e Toronto é de 12 horas.) Em Toronto, Charles se encontraria com Daniel Abdo, do Goldman Sachs, que também tem passaporte americano e o acompanharia nas visitas. Abdo, naquele momento, se encontrava em Nova York, com a outra equipe. Ele voaria até Toronto e, quando a missão de Toledo estivesse concluída, voltaria para os Estados Unidos e se reintegraria ao Time Verde. Os outros integrantes do Time Amarelo, que estavam em Cingapura, fariam em Amsterdã uma conexão para a cidade americana de Minneapolis – um lugar perdido no norte dos Estados Unidos, perto da fronteira com o Canadá – de onde acompanhariam por telefone as conversas de Charles Toledo com os investidores de Toronto.

༄༅

Os sinais de que a IPO da Bovespa seria coroada de sucesso tornavam-se cada vez mais claros, apesar das nuvens que anunciavam a iminência de uma tempestade sobre o mercado mundial dali por diante. Mergulhadas até o pescoço numa montanha de negócios de risco, feitos sem qualquer garantia real, muitas empresas do ramo imobiliário já estavam com a língua de fora, à espera de que aparecesse um salvador na última hora. Mesmo assim, a viagem dos times prosseguia, pois – numa piadinha infame que alguém soltou no trajeto – "o *road*, como qualquer outro *show*, não podia parar." E, pelo que se via naquele momento, os ventos que estavam soprando na direção do Brasil eram suficientes para manter a tempestade longe da Bovespa. Em outras palavras: a empresa Bovespa Holding parecia sólida o suficiente para significar um bom investimento de longo prazo. Ainda que o preço de sua ação viesse a cair mais tarde, ela se mostrava sólida o suficiente para suportar o tranco e dar bons resultados no futuro. E isso parecia evidente para um monte de investidores com os quais os executivos da Bovespa se encontravam em sua caravana.

Aliás, um detalhe para os quais as empresas que se lançam em uma IPO devem ficar atentas é o seguinte: os investidores se comunicam – e ninguém é capaz de impedir que as informações, positivas ou negativas, sobre determinada empresa circulem e cheguem aos ouvidos do investidor antes mesmo de ele ouvir a apresentação. Mais de uma vez durante o *road show*, Mifano teve que falar, por exemplo, da ação de US$ 10 bilhões que Naji Nahas movia contra a bolsa e explicar, detalhe por detalhe, por que aquilo não fazia o menor sentido. De qualquer forma, como em qualquer outro mercado do mundo, as pessoas conversam – e têm o hábito de alertar os amigos tanto para as empresas que lhes causam má impressão quando para aquelas que lhes inspiram confiança e, portanto, podem ser consideradas boa alternativa de investimento. E, quando um negócio se mostra bom, ninguém deseja ficar do lado de fora.

A maior prova de que as ações da Bovespa eram vistas como bom negócio surgiu durante as reuniões dos integrantes do Time Verde com os investidores americanos. A viagem começou por Nova York. Logo no primeiro dia, Mifano, Gomes e Aragon se reuniram com 31 investidores entre o café da manhã (servido no próprio hotel em que se hospedaram, nas imediações do Central Park) e o último compromisso, uma reunião *one-on-one* com executivos do poderoso fundo de investimentos Oppenheimer. Dali, seguiriam para o aeroporto de Teterboro, em Nova Jersey, de onde sairiam num jatinho para Boston. No dia seguinte, depois de expor a Bovespa para 33 investidores, eles retornariam a Nova York, onde os aguardavam mais algumas reuniões. Nesse momento, as conversas sobre a Bovespa estavam intensas no mercado – e vinham atraindo mais interesse dos investidores do que o outro grande negócio mobiliário que estava em curso no mundo: a IPO de um *site* chinês de vendas *on-line* que atendia pelo nome sugestivo de Alibaba.com.

– Muitas vezes nos encontramos com os chineses do Alibaba na antessala de algum investidor – recordaria Francisco Gomes mais tarde. – No final, até já nos cumprimentávamos.

Os olhos se voltavam era para a Bovespa mesmo. Para a quarta-feira, dia 17 de outubro, estava marcado um almoço no Regency Hotel, na Park Avenue. Era uma reunião mais ou menos aberta: centenas de convites haviam sido encaminhados em cima da hora e a expectativa dos organizadores era de que aparecessem, no máximo, 30 ou 40 pessoas. Aconteceu, no entanto, que começaram a chover confirmações na manhã daquele dia e, no final das contas, havia mais de 300 pessoas registradas para ouvir os brasileiros da Bovespa durante o almoço. Como não dava para acomodar tanta gente na sala marcada para o evento, foi necessário reservar o salão ao lado e instalar ali um telão – por onde os executivos acompanhariam a apresentação de Mifano.

A essa altura, a caravana já havia percorrido metade do caminho e a operação acumulara musculatura invejável. Só que os sinais de cansaço eram cada vez mais visíveis. Certa ocasião, os Verdes enfrentaram três fusos horários no mesmo dia. Acordaram em Houston, no Texas, voaram 1.400 quilômetros até Denver, no Colorado, onde almoçaram com um grande investidor, e, depois de cumprida a agenda, embarcaram novamente no jatinho para mais 1.500 quilômetros de viagem até Chicago, em Illinois. Em tempo: 1.500 quilômetros é mais ou menos a distância em linha reta que separa Brasília de Porto Alegre. E sempre na mesma rotina de acordar, falar mais ou menos as mesmas palavras, responder a perguntas que cada vez mais se pareciam umas com as outras e se queixar das privações a que estavam submetidos, apesar dos hotéis cinco estrelas e do jato executivo 24 horas à disposição.

Fumante compulsivo, capaz de consumir dois maços de Marlboro durante o dia, Francisco Gomes sofreu com as restrições que a cultura americana impõe ao tabagismo. Ele só podia fumar entre uma reunião e outra. Saía de um prédio e, antes de entrar no carro que os levaria à etapa seguinte, acendia um cigarro, dava três ou quatro baforadas, apagava o cigarro e subia novamente no carro. Mas, como sempre acontece nessas horas, acabou encontrando um aliado. Roman, um russo radicado nos Estados Unidos, que conduziu um dos carros à disposição dos Verdes, se solidarizou com o sofrimento de Gomes e, depois de certo tempo, abriu uma exceção:

– Abra o vidro. Pode fumar.

Mifano também passou por privações – mas de natureza, digamos assim, mais saudável. Quando o processo da desmutualização já havia sido deflagrado, em meados do segundo semestre de 2006, ele procurou um médico no Brasil na tentativa de livrar-se de um problema que o afligia. O ponteiro da balança havia batido nos 101 quilos, bem mais do que permitia sua estatura de 1m75cm. A ordem do médico foi clara: feche a boca e livre-se do excesso. Ele não se afastou da dieta nem nos momentos mais tensos do road show e manteve a boca fechada mesmo em ocasiões nas quais se viu diante de cardápios tentadores de restaurantes. Quando tudo terminou, estava com 81 quilos.

A verdade é que tudo estava indo bem demais, perfeito demais, promissor demais – e é justamente nos momentos em que o sucesso parece estar logo ali na esquina que surgem as pedras no caminho. Neste caso, a pedra parecia ter força suficiente para esmagar a IPO. Um dos pontos em torno do qual havia mais clareza desde o início do processo era que não poderia haver vazamento de informações sobre a IPO – sobretudo de informações a respeito dos números envolvidos na operação. Pois no dia 17 de outubro, uma quarta-feira, quando faltava pouco mais de uma semana para o fechamento da oferta de ações, o jornalista Lauro Jardim, da revista *Veja*, publicou na versão eletrônica de sua coluna uma nota, que não chegou a ser publicada na revista, em que jogava um pouco de gasolina nessa fogueira.

Com base em informações passadas por certas "fontes do mercado", Jardim relatava uma suposta briga entre Ana Cabral, do Goldman Sachs, e Adriano Borges, do Crédit Suisse, em torno do direito de cada instituição assumir a paternidade da IPO. (Apenas para efeito de registro, o único desentendimento em torno desse assunto se deu no momento em que os dois bancos discutiram para definir qual deles apareceria do lado esquerdo na capa do prospecto; a questão foi resolvida com a intervenção de Mifano e o documento que comprovava isso – ou seja, o próprio prospecto – já estava nas mãos de centenas de investidores ao redor do mundo. Não havia, portanto, a menor razão para desavenças em torno daquele assunto na reta final da IPO.)

A notícia do desentendimento era falsa, mas o problema é que a nota trazia, também, um número fantasioso – que demonstrava a fragilidade da informação passada a Jardim. A tal "fonte do mercado" dizia que a IPO da Bovespa poderia alcançar a cifra de US$ 5,5 bilhões – e que só o Goldman Sachs, um dos coordenadores do processo, já teria US$ 3 bilhões em reservas de investidores interessados em participar da operação. Havia aí dois erros grosseiros. Para a IPO alcançar a cifra de US$ 5,5 bilhões, cada ação da Bovespa teria que ser vendida por preço superior a R$ 34 – e nem nos momentos de maior euforia passou pela cabeça de Mifano, Gomes, Charles ou qualquer representante dos *bookrunners* a ideia de cobrar tão caro pelos papéis. O outro erro era o seguinte: todas as ordens de compra dos papéis estavam sendo centralizadas pelo Crédit Suisse – e apenas os executivos mais graduados dos dois bancos, que estavam envolvidos de forma mais direta no processo, sabiam os nomes e os valores escritos no "Livro".

Para a CVM, que pediu explicações sobre o episódio, esse tipo de informação podia induzir investidores menos sofisticados a tomar decisões erradas e prejudiciais a eles mesmos. E a Bovespa, na realidade, não podia esperar tratamento complacente da CVM. Afinal, por ser a bolsa, a instituição tinha o dever de dar exemplo para o resto do mercado. Por outro lado, a CVM tinha como presidente Maria Helena Santana, que fora da diretoria da Bovespa e, com certeza, não se arriscaria a ser acusada de qualquer favorecimento à sua antiga casa.

Foi um momento muito tenso – e, enquanto a situação não foi contornada, o habitualmente calmo Hélcio Henriques, que respondia pela direção-executiva da bolsa na ausência de Mifano, viveu momentos de estresse. Ele conhecia o rigor com que esses deslizes costumavam ser tratados pela CVM e a postura que ela adota nesses momentos: manda parar o processo até que tudo esteja esclarecido e que o próprio tempo de parada forçada se encarregue de apagar os estragos feitos pelo vazamento da informação. E foi justamente isso que a Comissão avisou que poderia fazer. Aquilo, sim, seria morrer na praia da forma menos gloriosa possível. Para que isso não acontecesse, a Bovespa teria que obter a retratação do jornalista.

Naquele dia, o tempo fechou no 10º andar da Bovespa. Com Mifano a milhares de quilômetros de distância, apesar de pendurado no celular e no seu inseparável BlackBerry, Hélcio Henriques começou a articular, com a ajuda de Raymundo Magliano Filho, para evitar que a publicação daquela nota prejudicasse a operação. A pessoa que passou a informação a Jardim tinha o interesse evidente de prejudicar o Goldman Sachs. Mas quase comprometeu todo o esforço que a Bovespa vinha fazendo havia mais de 10 anos. Fajardo e Magliano fizeram o que estava a seu alcance para evitar o prejuízo maior. Telefonaram para a revista, discutiram a questão com os advogados e procuraram mostrar à CVM que, se o número tivesse sido divulgado por alguém que conhecesse a operação de dentro, o resultado não teria sido tão amador e distante da realidade quanto aqueles US$ 5,5 bilhões. No final, conseguiram que Jardim eliminasse de seu texto a expressão "fontes do mercado". Dessa maneira, ele assumia como seu o cálculo do valor (que a CVM sabia não ser verdadeiro) e dava o assunto por encerrado. A CVM aceitou a solução e a IPO seguiu em frente.

E para não dizer que não houve mais atropelos, outra reportagem, esta publicada no jornal *Valor Econômico* a três dias do fechamento da operação, sugeriu que a CVM havia dado tratamento diferenciado para a Bovespa, isto é, que a mão da autoridade fiscalizadora, costumeiramente pesada para qualquer empresa que se lança em uma IPO, estava pegando leve em relação à bolsa.

Aquela notícia deixou Mifano, Fajardo e os outros incomodados – mas não tanto quanto a que fora publicada na coluna eletrônica de Lauro Jardim:

– Da primeira vez, passei uma noite inteira em claro, preocupado de que a nota prejudicasse a operação – recorda Mifano, que soube da notícia publicada no site da revista Veja entre reuniões com dois investidores importantes, em Nova York. – Mas essa segunda notícia não me assustou, apenas me deixou chateado. Afinal de contas, ela envolvia a própria CVM, que sabia perfeitamente que nunca houve qualquer benefício. Novamente, o cerne da notícia divulgada era tão fantasioso e distante da realidade que a CVM não se abalou.

Uma das constatações que mais impressionaram tanto os integrantes do Time Verde quanto os do Time Amarelo foi o ambiente luxuoso dos escritórios americanos – e a idade dos executivos que encontraram pela frente. Nos lugares mais improváveis e remotos do país, sempre havia um detalhe para chamar a atenção. Antes de sair do Brasil, no momento em que ainda se discutia o roteiro da operação, alguém da equipe da Bovespa quis saber dos *bookrunners* por que motivo a cidade de Denver, no Colorado, deveria ser visitada. Afinal de contas – essa era a pergunta – o que havia em Denver que pudesse justificar uma visita o Meio-Oeste dos Estados Unidos? Quando colocaram os pés no escritório da Janus Capital Management, Mifano, Gomes e os outros integrantes do Time Verde compreenderam o motivo.

Havia ali pelo menos uns 200 executivos – e muitos deles se encaixavam na categoria que Mifano apelidou de *twenty-twenty*: jovens na casa dos 20 anos que administravam carteiras da ordem de 20 bilhões de dólares. O talento de alguns desses garotos é evidente. Mas a pouca experiência, também:

– A maioria não tinha visto até aquele momento nenhuma crise mais importante no mercado.

Esse perfil, aliás, também foi visto nas outras cidades visitadas pelos grupos. Por onde passava, o pessoal da Bovespa se deparava com levas de *twenty-twenties* ocupando escritórios que impressionavam tanto pelo luxo quanto pela pouca idade dos executivos. Foi assim em Minnetonka, visitada pelo Time Amarelo, e em Plainsboro, Berwyn, West Conshohocken e Baltimore, visitadas pela Equipe Verde numa viagem de carro entre Nova York e Washington. Mesmo para um homem que passou a maior parte da carreira com os pés fincados no mercado financeiro, a existência de grandes empresas de investimentos em lugares como esses significou uma descoberta importante:

– Em muitos pontos dos Estados Unidos, existem empresas capazes de rivalizar com as gigantes de Wall Street – disse Mifano. – O mercado brasileiro só estará completamente maduro no dia em que as grandes operações não se concentrarem apenas em São Paulo e no Rio de Janeiro, mas estiverem espalhadas por todo o país.

Nos Estados Unidos, existem investidores de peso nas duas costas do país e, durante o tempo em que permaneceram por lá, os executivos da Bovespa fizeram questão de visitar a maioria deles. E, na medida em que a data da IPO – e do fechamento do "Livro" – se aproximava, surgiu a necessidade de tomar uma providência delicada. O apetite revelado pelas ordens de compra colocadas no "Livro" pelos investidores, visitados ou não, já superava o total de ações postas à venda em mais de 15 vezes. Seria necessário rever uma por uma todas as propostas – e tomar algumas providências. Uma delas seria elevar o preço das ações para que os investidores menos convictos, por si só, saíssem da raia ou reduzissem sua demanda, deixando o caminho mais livre para os que realmente desejassem investir em ações da Bovespa. Ainda assim, já ficara claro que seria necessário adotar algumas medidas mais cirúrgicas. Uma delas seria eliminar da lista alguns investidores. Outra seria destinar a cada um deles bem menos papéis do que haviam solicitado.

Foi com essa tarefa na mão que os dois grupos, cada um em um ponto dos Estados Unidos (o Verde em Chicago e o Amarelo em San Diego, na Califórnia), começaram a repassar nome por nome, a rememorar detalhes de reuniões e a apresentar uma lista daqueles que não poderiam, em hipótese alguma, ficar fora da IPO. O final de semana que o Grupo Amarelo passou em San Diego, por sinal, foi marcado por dois detalhes. Um foram as horas passadas sobre a lista dos investidores visitados. O outro foi o cancelamento da reunião com o investidor que seria visitado na segunda-feira seguinte – e que era a única razão que levara o grupo à Califórnia. No final de semana, um incêndio monstruoso reduziu a cinzas diversas casas na região – e, por causa daquela tragédia, a reunião com o fundo precisou ser cancelada.

Na segunda-feira, depois de participar de uma reunião às 6h30min da manhã com um investidor de Kansas City, Mifano já estava pronto para tomar sua decisão com relação aos preços. Na sexta-feira anterior, 19 de outubro, as bolsas do mundo inteiro haviam fechado em forte baixa, abaladas pelos ecos cada vez mais estridentes da crise que afetava o mercado de hipotecas dos Estados Unidos. O comportamento dos mercados postergara para aquela segunda-feira uma decisão sobre a faixa de preços de venda que precisaria ter sido tomada na sexta, deixando tempo suficiente para que os bancos pudessem voltar a todos os investidores inscritos no "Livro", comunicar-lhes o novo preço e obter confirmação ou alteração de suas ordens.

A revisão do *price range* dependia da abertura dos mercados europeus na segunda-feira e, felizmente, àquela altura, as bolsas europeias já estavam abertas e nenhuma delas apresentava reflexos da baixa da sexta-feira. Aquele sinal, somado ao interesse demonstrado pelos investidores, indicava que havia, sim, espaço para uma puxada nos preços. Mas a elevação não poderia ser excessiva – sob pena de espantar uma boa quantidade de investidores. A ideia era estabelecer um novo preço mínimo – mais alto do que o preço máximo que havia sido apresentado até aquele momento e fixar um preço máximo mais robusto. Os cálculos e novas projeções feitos durante o fim de semana facilitariam a *conference call* entre os times Verde e Amarelo, com a participação de vários executivos dos dois bancos, realizada no começo da manhã daquela segunda-feira. Os novos números não pareceram tão absurdos assim. As ações seriam oferecidas ao mercado pelo preço mínimo de R$ 20,00 e máximo de R$ 23,00. Em mais uma ligação telefônica, dessa vez para o Brasil, reunindo Magliano e outros membros do Comitê da IPO, sacramentou-se a nova faixa.

7 | Demanda 12 vezes maior

NO DIA 23 DE OUTUBRO, quando o Grupo Amarelo, depois de esgotar sua agenda em Nova York, tomava um avião da TAM de volta para o Brasil, o Grupo Verde iniciava na Califórnia, do outro lado dos Estados Unidos, a última etapa das apresentações. Na véspera, Mifano, Gomes, Aragon e o pessoal dos bancos voaram de Chicago para San Francisco – onde os aguardava uma sequência de reuniões: 12 investidores no total. Ao meio-dia, voariam até Los Angeles. Depois de conversas *one-on-one* com dois grandes investidores, eles participariam de um *small group* às 16h15min. Às 17h15min, teriam o último compromisso da jornada: uma *conference call* com representantes do poderoso Standard Pacific. A essa altura, já estariam a caminho do aeroporto para embarcar pela última vez no jatinho da Bombardier. O avião partiria de Los Angeles e voaria quase 5 mil quilômetros até a Cidade do Panamá, onde pousaria para reabastecer. Ficaria no solo pelo menor tempo possível e voaria mais 5.500 quilômetros até São Paulo. Se não fizessem assim, não chegariam ao Brasil a tempo de cumprir a última etapa: finalizar a operação de vendas. Detalhe: como o preço havia sido majorado, todos os investidores tiveram dois ou três dias para confirmar se mantinham o interesse ou se desistiam das ações da Bovespa.

Enfrentar mais de 10 mil quilômetros, ou 16 horas de viagem, a bordo de um avião em que mal é possível ficar de pé, não é uma das experiências mais agradáveis que se pode ter. À bordo havia seis passageiros, além da aeromoça e dos dois pilotos. Cada um se virou como podia. A aeromoça se acomodou no único lugar disponível: se alguém quisesse usar o banheiro para suas finalidades específicas, precisava pedir que ela desse licença. Alguns se esticaram no corredor estreito enquanto outros tentavam se acomodar em uma poltrona que quase não reclina. Pouco antes de seis da manhã, o grupo desembarcou no Aeroporto de Guarulhos. E foi recebido por uma daquelas situações típicas de São Paulo: uma chuva interminável, que havia deixado a Marginal do Tietê totalmente engarrafada logo nas primeiras horas da manhã. A ideia inicial era que cada um fosse até sua casa, tomasse banho, descansasse um pouco e estivesse às 11h30min na sede do Crédit Suisse, na Avenida Faria Lima, para o fechamento do "Livro".

Felizmente, havia um plano B armado para enfrentar aquela situação. Dentro do Aeroporto de Cumbica, em algum lugar do Terminal 2, existe um pequeno hotel que, em situações como essa, as pessoas utilizam para tomar banho e passar uma noite. O pessoal utilizou alguns desses pequenos apartamentos para se aprontar antes de embarcar no helicóptero que, pilotado pelo comandante Daniel Bastos, levaria o Time Verde até a sede do Crédit Suisse na manhã cinzenta de São Paulo. Ou melhor, quase todo o Time Verde, pois Francisco Gomes acabou se desligando do grupo na etapa final. Ficar sem fumar, tudo bem. Mas entrar num helicóptero e sobrevoar São Paulo com um tempo daqueles, aí, também, já era demais. O melhor seria ir de táxi. De qualquer forma, por terra ou por ar, e depois de uma jornada de duas semanas em que fizeram 15 viagens de avião, uma de carro (entre Nova York e Washington) e se hospedaram em 11 hotéis diferentes, aquela era a etapa final do *road show*.

E foi assim – de roupa limpa, banho tomado e uma expressão que não traía uma noite passada em claro – que o Time Verde desembarcou no heliponto sobre o prédio do Crédit Suisse para tomar as decisões finais da oferta de ações. Ali, se encontraram com o Time Amarelo, que estava no Brasil desde a véspera, e com os componentes do Comitê da IPO, Raymundo Magliano Filho, Nelson B. Spinelli, Eduardo Brenner, Alvaro Agusto Vidigal e Marcelo Canguçu para definir quem ficaria com as ações – e a que preço. O mais interessante é que, nesse tipo de negócio, ninguém assina nada. Apenas informa em que condições pretende entrar no jogo. Ou, conforme diz Mifano:

– Vale a palavra, o fio do bigode.

Feitas as contas, conferidas as listas e fechadas todas as planilhas, constatou-se que, mesmo com o preço máximo de R$ 23,00, havia muito mais gente interessada em comprar do que ações postas à venda. No auge, antes da elevação da faixa de preços, o "Livro" chegara a representar, na baixa da faixa, 19 vezes a quantidade ofertada de ações. Após a revisão, ainda mostrava demanda 12 vezes maior. A questão, agora, era definir, entre os investidores, quem ficaria com mais e quem ficaria com menos ações. Mais uma vez, era o caso de discutir um critério antes de tomar a decisão final:

– Para nós, a escolha já estava feita – disse Mifano. – Nossa preferência era por investidores tradicionalmente comprometidos com negócios de longo prazo, mas não deixando de atender a alguns importantes investidores de curto prazo, que são agentes fornecedores de liquidez.

O resultado dessa decisão foi que muita gente que havia posto seu nome ficou de fora da versão final do "Livro". Começou ali uma das etapas mais tensas de todo o processo. Cada um queria a sardinha o mais perto possível de sua brasa. Os representantes de cada um dos bancos coordenadores defendiam os interesses de seus clientes. O Time Amarelo expunha sua avaliação desse ou daquele investidor – e o Verde agia da mesma maneira.

Dia 26 de outubro de 2007. Os números alcançados pela IPO diziam muito a respeito não apenas da qualidade da companhia que pôs as ações à venda, como também mostrava o resultado de uma operação muito bem conduzida. Mas não revelavam a carga de trabalho, o envolvimento, a inteligência, o comprometimento, o talento e, na reta final, sobretudo a disposição de um grupo considerável de pessoas de dentro e de fora da organização. Uma operação que se tornava mais expressiva ainda por se tratar de um lançamento de ações de uma empresa que opera em um segmento muito sensível em um mercado emergente.

O sucesso da operação, é claro, pode ser medido pelos números que alcançou. Os US$ 3,7 bilhões que os investidores ofereceram em troca da Bovespa foram divididos entre mais ou menos 100 sócios. Isso daria, se todos tivessem entrado na raia com a mesma quantidade de papéis, cerca de US$ 37 milhões para cada. Houve quem ganhasse mais e quem ganhasse menos. E houve, também, os que ganharam uma bolada ainda maior no dia seguinte, quando os preços dispararam – mas essa é outra história.

8 | A estreia do BOVH3

O DIA 26 DE OUTUBRO DE 2007, uma sexta-feira, amanheceu ensolarado. Nada de especial podia ser notado na entrada da sede da Bovespa, na Rua XV de Novembro, no centro de São Paulo, embora aquele dia representasse o capítulo final de uma jornada que reescreveu a história do mercado de capitais no Brasil.

A Rua XV é reservada a pedestres, com circulação restrita de veículos. De manhã, ainda não há ambulantes, o movimento se restringe a pessoas em direção a seus locais de trabalho na própria XV de Novembro ou adjacências. À porta da bolsa também não há estudantes ou escolares, que costumeiramente se aglomeram do lado de fora, acompanhados de seus professores, aguardando a hora de percorrer o antigo pregão, no térreo, transformado em 2006 em Espaço Bovespa – um local especialmente preparado para que o público, por meio de visita guiada, adquira conhecimentos básicos sobre a bolsa e o mercado de capitais.

No dia 26, não havia visitantes, porque o Espaço estava reservado para a estreia das ações da Bovespa Holding no Novo Mercado, ou seja, o nível mais alto de governança da Bovespa. Era um data para festejar. Após um longo e exaustivo trabalho, que já transformara a Bovespa em empresa regida pela lei das S.A., havia chegado o momento de completar a mudança, abrindo o capital na própria bolsa. A partir do dia 26 de outubro, a nova companhia, batizada de Bovespa Holding, teria dezenas de milhares de novos donos, ou acionistas. A Bovespa iria finalmente experimentar, ela própria, o que apregoa para as empresas que abrem capital na bolsa.

Especialmente enfeitado para a cerimônia, o pregão, com cerca de 1 mil metros quadrados, exibia um enorme painel resumindo a história centenária da Bovespa, e montagens espalhadas pelo local, simbolizando os lemas de transparência, visibilidade, acesso e responsabilidade socioambiental, especialmente escolhidos para aquela ocasião. O evento começou às 9h e reuniu mais de 500 pessoas no Espaço, entre representantes da bolsa e do mercado de capitais, como é o caso da presidente da CVM, Maria Helena Santana.

Havia emoção no ar – e expectativa, sobretudo em relação ao comportamento dos papéis no primeiro dia em que seriam negociados no pregão. Sob a sigla BOVH3, as ações da Bovespa Holding tinham saído pelo preço máximo na oferta, R$ 23,00. E em sessenta minutos, ou seja, às 10h em ponto, quando o pregão eletrônico fosse aberto, todas as atenções convergiriam para o BOVH3.

O papel subiria? O misto de curiosidade e eletricidade que se sentia no ar foi contrabalançado, no entanto, por alguns momentos especiais, a começar pela execução do Hino Nacional Brasileiro com o grupo vocal All Music, sob a regência do maestro Nelson Ayres; e, em seguida, com a apresentação de um vídeo institucional de 3 minutos, intitulado Bolsa dos Valores do Brasil, resumindo em cores e fotos a história vitoriosa da instituição, que sempre se inspirara em valores humanos.

– Hoje é um dia de glória, sucesso e realização – discursou em seguida o então presidente do Conselho de Administração da Bovespa Holding, Raymundo Magliano Filho, revelando sua emoção e alegria pela concretização do sonho de abertura de capital da bolsa. – Estamos todos muito emocionados, pois construímos a Bovespa juntos e trabalhamos arduamente para ter esse dia – complementou.

Magliano recordou trechos do discurso de posse de seu primeiro mandato como presidente da Bovespa, proferido em 15 de fevereiro de 2001, assinalando que todo o trabalho, desde então, fora norteado pelo grande desafio de democratizar o mercado de capitais e construir uma bolsa de valores popular. Para concluir, o presidente reforçou que, apesar de visar ao lucro, a Bovespa Holding era uma empresa cidadã:

– Não esqueceremos jamais os valores da sociedade, que são fundamentais para a sustentabilidade de uma companhia.

Na sequência, o diretor-geral da Bovespa Holding, Gilberto Mifano, ressaltou que o que tornara a IPO da empresa tão especial não tinha sido apenas o grande volume captado, mas o respeito que a bolsa e o próprio mercado de capitais angariaram junto ao público investidor, graças, de um lado, ao alto nível de qualificação de seus profissionais e, de outro, à excelência dos órgãos reguladores.

Mifano também historiou os avanços recentes da bolsa, todos indispensáveis para que a jornada em direção à IPO se concretizasse, como a implantação do MegaBolsa (sistema eletrônico de negociação); a segregação das atividades de negociação, de um lado, e as de liquidação e custódia, de outro; e sobretudo o lançamento do Novo Mercado e dos níveis diferenciados de governança corporativa:

– A marca da Bovespa no mundo é o respeito ao acionista minoritário. A particularidade desta IPO é que os nossos investidores são também os usuários de nossos serviços e não há nada que lembre mais a Bovespa ou o mercado de capitais do que o Novo Mercado.

Finalmente, depois de observar que a expressão em inglês *public company* designa melhor a ideia do que representa uma empresa aberta, Mifano afirmou que a Bovespa Holding também era uma empresa que pertenceria ao público a partir daquele momento:

– O esforço que fizemos nos últimos anos para prover acesso à negociação e à informação para todos os investidores, sem distinção, não tem outro objetivo senão aproximar cada vez mais as empresas brasileiras do público.

Às 10h, já encerrados os discursos e a tradicional entrega do troféu e certificado do Novo Mercado à Bovespa Holding, a campainha que simboliza o início das negociações foi acionada.

Cabeças levantadas, os presentes, em sua maioria, fixaram então os olhos nas cotações registradas nos painéis eletrônicos centrais, que reproduzem – em quatro telas gigantes – um ambiente de MegaBolsa. Ali estava indicado BOVH3 e o preço, R$ 23,00. Por breves minutos, no chamado leilão de abertura, o valor não arredou dos 23. Mas aí disparou para cima, surpreendendo até os maiores otimistas.

No final do pregão de 26 de outubro de 2007, o papel BOVH3 atingira R$34,99, um salto espetacular de 52% em relação ao preço da oferta.

Uma nova época se iniciara para o mercado de capitais brasileiro.

≈≈≈

Créditos

♒

A DESMUTUALIZAÇÃO e a IPO da Bovespa resultaram da participação direta ou indireta de uma série de pessoas e instituições, que nomeamos a seguir, por ordem alfabética (segundo o cargo que ocupavam à época; e em qual empresa ou instituição):

Nome	Cargo	Empresa/Instituição
Adriano Borges	Diretor-executivo	Crédit Suisse
Alexandre Hidelbrand Garcia	Associado	Barbosa, Müssnich & Aragão Advogados
Alexandre Tadeu Seguim	Associado	Barbosa, Müssnich & Aragão Advogados
André Béla Jánszky	Sócio	Shearman & Sterling
André Milanez	Gerente de auditoria	PriceWaterhouseCoopers
Antonio Quintella	Diretor-executivo	Crédit Suisse
Ana Cabral	Diretora-executiva	Goldman Sachs
Bruce Urbanek	Vice-presidente	Goldman Sachs
Bryce Lee	Diretor-executivo	Crédit Suisse
Carlos A. Aragón de Planas	Analista econômico-financeiro sênior	Bovespa
Carlos Barbosa Mello	Sócio	Mattos Filho Advogados
Carolina Chao de Oliveira	Estagiária	Barbosa, Müssnich & Aragão Advogados
Carolina Menezes	Associada	Crédit Suisse
César A. Cardoso de Faria	Analista de projetos sênior	Bovespa
Charles Mann Toledo	Coordenador do Projeto de Desmutualização e Abertura de Capital	Bovespa
Claudio Avanian Jacob	Supervisor de Relações com Empresas	Bovespa
Claudio M. Oksenberg	Associado	Shearman & Sterling
Cristiana Pereira	Diretora de Desenvolvimento e Relações Internacionais	Bovespa
Cristina Tauaf Ribeiro	Analista de Projetos pleno	Bovespa
Cynthia Schmieder	Associada	Goldman Sachs
Daniel Abdo	Associado	Goldman Sachs
Daniel Wainstein	Diretor-executivo	Goldman Sachs
Eduardo Centola	Investment Banking	Goldman Sachs
Fábio Mourão	Vice-presidente	Crédit Suisse
Fernando Almeida	Associado	Skadden, Arps, Slate, Meagher & Flom
Fernando Costa Neto	Associado	Barbosa, Müssnich & Aragão Advogados
Francisco Carlos Gomes	Diretor financeiro	Bovespa
Gerard Von Dohlen	Vice-presidente	Goldman Sachs

Helcio Fajardo Henriques	Assessor do superintendente-geral	Bovespa
Izalco Sardenberg	Assessor da Presidência e Diretor de Imprensa	Bovespa
Jairo Loureiro	Diretor	Goldman Sachs
Jessica Moraes	Associada	Crédit Suisse
Jonathan Bisgaier	Sócio	Skadden, Arps, Slate, Meagher & Flom
José Olympio Pereira	Diretor-executivo	Crédit Suisse
José Roberto Mubarack	Diretor de Relações Institucionais	Bovespa
Kristen Grippi	Associada	Goldman Sachs
Luiz Antonio Fossa	Sócio-diretor	PriceWaterhouseCoopers
Luiz Felipe Amaral Calabró	Advogado sênior	Bovespa
Marcelo Kayath	Diretor-executivo	Crédit Suisse
Monique M. Mavignier de Lima	Associada	Barbosa, Müssnich & Aragão Advogados
Nathalia Pereira Pinto	Associada	Mattos Filho Advogados
Nora Rachman	Superintendente de Assuntos Legais	Bovespa
Paulo Cezar Aragão	Sócio	Barbosa, Müssnich & Aragão Advogados
Plinio José Marafon	Consultor tributário	Braga & Marafon
Ricardo Prado Macedo de Carvalho	Associado	Mattos Filho Advogados
Rodrigo Mello	Vice-presidente	Goldman Sachs
Sebastien Chatel	Diretor-executivo	Crédit Suisse
Vinicius Marchini		Goldman Sachs

Auditores Independentes

PriceWaterhouseCoopers Auditores Independentes
BDO Trevisan Auditores Independentes

Conselhos de Administração

BOVESPA (último)

Raymundo Magliano Filho	Presidente
Nelson Bizzacchi Spinelli	Vice-presidente
Gilberto Mifano	Superintendente-geral/ Diretor-geral
Carlos A. Botelho de Souza Barros	Bovespa
Alvaro Augusto Vidigal	Bovespa
Anibal Cesar Jesus dos Santos	Bovespa
Sérgio Machado Dória	Bovespa
Fernando Ferreira da Silva Telles	Bovespa
Carlos Alberto da Silveira Isoldi	Sociedades Corretoras - Atuação Nacional e Internacional

Jorge Nuno Odone V. S. Salgado	Sociedades Corretoras - Atuação Nacional e Internacional
Fernando Bastos de Aguiar	Sociedades Corretoras - Atuação Regional
João Carlos de Magalhães Lanza	Sociedades Corretoras - Atuação Regional
Omar Camargo Filho	Sociedades Corretoras - Atuação Regional
Antonio Carlos dos Reis (Salim)	Repr. dos Investidores Pessoas Físicas
Maria Cecília Rossi	Repr. dos Investidores Pessoas Físicas
Eduardo Penido Monteiro	Repr. dos Investidores Institucionais
Fernando Antonio Pimentel de Melo	Repr. dos Investidores Institucionais
Morvan Figueiredo de Paula e Silva	Repr. das Cias Abertas
Thomas Ricardo Auerbach	Repr. das Cias Abertas

CBLC (último)

Raymundo Magliano Filho	Presidente
Nelson Bizzacchi Spinelli	Vice-presidente
Gilberto Mifano	Conselheiro efetivo
Eduardo Brenner	Conselheiro efetivo
Júlio de Siqueira Carvalho Araújo	Conselheiro efetivo
Pedro Luiz Guerra	Conselheiro efetivo
Carlos Arnaldo Borges de Souza	Conselheiro efetivo
Luis Eduardo Zago	Conselheiro suplente
Marcelo Canguçu de Almeida	Conselheiro suplente

Bovespa Holding (primeiro e último)

Raymundo Magliano Filho	Presidente
Nelson Bizzacchi Spinelli	Vice presidente
Alvaro Musa	Conselheiro independente
Ary Oswaldo Mattos Filho	Conselheiro independente
José Roberto Mendonça de Barros	Conselheiro independente
Luiz Felipe Palmeira Lampreia	Conselheiro independente
Pedro Pullen Parente	Conselheiro independente
Alfredo Egydio Setúbal	Conselheiro não independente
Manoel Horacio Francisco da Silva	Conselheiro não independente

Consultores Legais

Barbosa, Müssnich & Aragão Advogados (Brasil)
Mattos Filho, Veiga Filho, Marrey Jr. e Quiroga Advogados (Brasil)
Shearman & Stearling LLP (Estados Unidos)
Skadden, Arps, Slate, Meagher & Flom LLP (Estados Unidos)

Corretoras consorciadas (Oferta ao Varejo – IPO Bovespa)

ABN Amro/ Banco Real Corretora
Ágora
Alfa Corretora
Alpes Corretora de Câmbio, Títulos e Valores Mobiliários Ltda.
Amaril Franklin Corretora de Títulos e Valores Ltda.
Americainvest Corretora de Câmbio, Títulos e Valores Mobiliários
Ativa S.A Corretora de Títulos, Câmbio e Valores
Banif Investment Banking
Banrisul Corretora de Valores
BB Investimentos
Bradesco Corretora
Brascan Corretora de Títulos e Valores
Codepe Corretora de Valores S.A.
Coinvalores
Concórdia Corretora de Valores
Corretora Geral de Valores e Câmbio
Cruzeiro do Sul Corretora de Valores e Mercadorias
Dias de Souza Valores
Diferencial Corretora de Títulos e Valores Mobiliários S.A.
Elite CCVM
Espírito Santo Securities
Fator (Banco Fator) Corretora
FinaBank
Geração Futuro Corretora de Valores
Geraldo Corrêa Corretora de Valores
Gradual Corretora de Câmbio, Títulos e Valores Mobiliários Ltda.
Hedging-Griffo
HP Picchioni Corretora
HSBC
Indusval Multistock Corretora
Interfloat
Intra
Isoldi
Itaú Corretora
Lerosa Corretora de Valores
Link Investimentos
Magliano S.A. Corretora de Câmbio e Valores Mobiliários
Manchester S.A. Corretora de Câmbio e Títulos
Mundinvest Corretora de Valores
Novinvest Corretora de Valores Mobiliários Ltda.
Oliveira Franco Corretora
Omar Camargo Corretora de Câmbio e Valores Ltda.
Pax Corretora de Valores
Pilla Corretora de Valores Mobiliários e Câmbio Ltda.
Petra Personal Trader Corretora de Valores
Planner Corretora de Valores S.A.
Prime Corretora de Câmbio e Valores

Prosper Corretora
Safra Corretora
Santander
Schahin Corretora
Senso Corretora de Valores
Sita Corretora
SLW Corretora de Valores
Socopa Corretora Paulista
Solidez Corretora de Câmbio, Títulos e Valores Mobiliários
Solidus S.A. Corretora de Câmbio e Valores Mobiliários
Souza Barros Corretora de Câmbio e Títulos S.A.
Spinelli
Talarico Corretora de Câmbio e Títulos Mobiliários Ltda
Tendência
Theca Corretora de Valores
Título Corretora de Valores S.A.
TOV Corretora de Câmbio, Títulos e Valores Mobiliários Ltda
Umuarama S.A. Corretora de Títulos e Valores Mobiliários
Unibanco
Uniletra
Votorantim Corretora
Walpires S.A. Corretora de Câmbio, Títulos e Valores Mobiliários

∿∿∿

Sobre o Autor

RICARDO GALUPPO, 50 anos, nasceu em Curvelo (MG). É jornalista com passagens pelas redações das revistas *Veja*, *Exame* e *Forbes Brasil*. Sempre atuou na cobertura de temas relacionados com Economia e Negócios. É autor dos livros *Aprendi com meu chefe* e *Atlético Mineiro: raça e amor* e coautor, com Nely Caixeta e Clayton Netz, de *Passaporte para o mundo*, sobre a abertura do mercado internacional para médias e pequenas empresas. Também em coautoria com Mariella Lazaretti, ajudou o empresário Abílio Diniz a produzir *Caminhos e escolhas – O equilíbrio para uma vida mais feliz*, publicado em 2004.

♒